KB199463

# 한 권으로 끝내는
# 동물 폼폼

trikotri 지음

홍학 , 오랑우탄 , 캥거루 , 펭귄 , 개구리까지…
39종의 동물 마스코트

라의눈

시작하며

털실로 동물 만들기에 푹 빠져 지낸 지 5년이 넘었지만
싫증을 느낀 적은 단 한 번도 없었던 것 같습니다.

실을 돌돌 감은 후, 가위로 잘라서 단면이 드러날 때,
동그란 폼폼을 커트해서 새로운 모양이 나올 때,
실 한 가닥으로 작품이 완성되는 과정 중에는
가슴 설레는 순간이 여러 번 찾아옵니다.

다리와 꼬리를 붙이고 눈, 코, 입을 만들어
마치 숨을 불어넣은 것처럼 동물들의 표정이 나타날 때는
더욱 특별합니다. 제 손으로 만들었는데도 마치 동물들이
저를 만나러 와 준 듯한 기분까지 든답니다.

가능한 한 많은 분들이 즐길 수 있도록
최대한 쉽게 구할 수 있는 재료와 도구를 소개하고,
만드는 방법과 순서도 보다 쉽게 설명했습니다.

샘플과 똑같지 않더라도 괜찮습니다.
당신의 설렘과 호기심을 지켜보면서,
자유롭고 편안하게 즐길 수 있기를 바랍니다.

trikotri

TREES

Oo Pp Qq Rr    Tt U

곰

한 가지 색 털실로 만드는 곰은 무엇보다 표정이
중요합니다. 사실감을 추구해도 좋고 테디 베어처
럼 사랑스럽게 변형해도 좋아요. 마음껏 자신이
원하는 얼굴로 완성해 보세요.

HOW TO MAKE ▷ P.72

# 북극곰

옆 페이지의 곰과 마찬가지로 기본적인 순서로 만
들 수 있어요. 우유 빛깔의 동그란 배를 정성 들여
트리밍하면, 바닐라 아이스크림 같은 북극곰이 완
성되지요.

HOW TO MAKE ▷ P.74

# 말레이곰

눈 주변과 목 아래의 무늬가 뚜렷하게 나타나도록
실을 색상별로 꼼꼼하게 구분하세요. 얼굴 주변의
실을 정성껏 트리밍해서 얼굴을 사다리꼴로 만드
는 것이 말레이곰처럼 보이게 하는 요령입니다.

HOW TO MAKE ▷ P.76

# 판다, 아기 판다

동글동글한 실루엣이 사랑스러운 판다. 얼굴의 아래쪽이 볼록하도록, 즉 주
먹밥 모양으로 트리밍하세요. 눈 주변의 검은 무늬는 처진 눈 느낌으로 다
듬어 주세요. 엉덩이에는 작은 꼬리도 달아서 뒷모습도 귀엽습니다.

HOW TO MAKE ▷ P.55 P.124

# 나무늘보

조금 복잡해 보이는 얼굴 배색이지만, 실 한 가닥
으로 정성껏 감아주면 예쁜 토대(베이스)가 완성
됩니다. 양쪽 입꼬리를 올려 붙이면 온화하고 사
랑스러운 표정으로 변신합니다.

HOW TO MAKE ▷ P.78

오 랑 우 탄

동그랗고 귀여운 눈동자와 복슬복슬한 붉은 털이
매력적인 오랑우탄입니다. 둥근 이마와 뒤통수의
경계선은 실을 세심하게 잘라서 높낮이 차를 만들
어주면 됩니다.

HOW TO MAKE ▷ P80

# 코알라, 아기 코알라

덥수룩한 귀는 머리와 연결되는 부분만 바늘로 가볍게 콕콕 찔러서 완성했
습니다. 물론 곰의 귀처럼 전체를 정확한 모양으로 만들어도 좋아요. 네 다리
로 선 포즈가 귀여운데, 동그란 배가 다리보다 먼저 바닥에 닿을 듯하네요.

HOW TO MAKE ▷ P.82 P.124

# 수달

품품 3개를 연결해서 수달의 길쭉한 형태를 만들
었습니다. 눈 윗부분이나 발끝 등엔 펠트를 활용
했는데, 펠트 부위의 방향과 부착 위치에 따라 표
정과 포즈에 다양한 변화를 줄 수 있답니다.

HOW TO MAKE ▷ P.84

## 북방족제비

옆 페이지의 수달과 같이 족제빗과에 속하는 북
방족제비예요. 몸을 덮은 새하얀 겨울털은 초봄이
되면 갈색으로 털갈이를 해서 모습이 완전히 달라
진다고 합니다.

HOW TO MAKE ▷ P86

# 청설모, 얼룩다람쥐

몸을 웅크리고 양손을 모은 사랑스러운 실루엣을 만들려면 몸통을 커트하
는 방법이 중요합니다. 배 부분의 실을 과감하게 잘라서 앞다리 부분과의
높낮이 차를 만드세요. 긴 꼬리는 덥수룩한 느낌 그대로 완성했습니다.

HOW TO MAKE ▷ P.88 P.90

여 우

따뜻해 보이는 겨울털을 두른 여우. 일부러 정성
들여 다듬지 않고 둥그스름한 형태로 완성했습니
다. 얼굴 방향이나 앞다리를 다는 위치를 바꿔 봐
도 재미있을 것 같네요.

HOW TO MAKE ▷ P.92

# 레서 판다

몸보다 두툼하고 복슬복슬한 꼬리가 매력 포인트
입니다. 감아 놓은 폼폼의 실을 색상별로 꼼꼼하
게 구분해서 무늬가 뚜렷하게 나타나도록 하세요.

HOW TO MAKE ▷ P94

# 강아지

얼굴 윤곽이 시원스럽게 드러나도록 짧게 커트하
고 커다란 머즐을 강조하면 강아지다운 얼굴이 표
현됩니다. 옆 페이지의 고양이 귀를 응용하면 다
른 견종을 표현할 수도 있습니다.

HOW TO MAKE ▷ P.96

# 고양이

앞으로 모은 앞다리는 몸통 폼폼에서 모양을 잘라
낸 것입니다. 작은 혀를 내밀고 있는데 강아지와
마찬가지로 입의 라인을 니들 펠트용 바늘로 콕콕
찔러서 표현해도 좋아요.

HOW TO MAKE ▷ P98

# 토끼

토끼의 몽실몽실한 감촉이 연상되도록 부드러운 감연사를 사용했습니다. 털실의 색상을 바꿔도 좋고, 한 가지 색으로만 만들어도 당연히 엄청 귀엽답니다.

HOW TO MAKE ▷ P.100

# 홍학(플라밍고)

폼폼으로 언젠가 꼭 한번 만들어 봐야겠다고 생각
했던 아이템 중 하나입니다. 목과 다리에 각각 심
재가 들어 있어서 포즈를 바꿀 수도 있어 정말 재
미있습니다.

HOW TO MAKE ▷ P.102

# 넓적부리황새 (슈빌)

움직이지 않는 새로 유명한 넓적부리황새. 자다
깬 것처럼 부스스한 정수리의 깃털이 귀여워서
'Balaeniceps rex(고래 머리의 왕)'라는 학명으로
불린다고 합니다.

HOW TO MAKE ▷ P104

# 흰올빼미

새하얀 깃털이 아름다운 흰올빼미. 복슬복슬한 발
끝에는 털이 긴 모루(털철사)를 사용했습니다. 커
다란 눈과 날카로운 부리가 깃털 속에 반쯤 파묻
혀서 저절로 미소가 나오는 얼굴이 되었어요.

HOW TO MAKE ▷ P.108

# 금눈쇠올빼미

흰색, 베이지색, 초콜릿색의 실 2~3가닥을 감아
서 깃털 무늬를 표현했습니다. 두 눈을 얼굴 중심
에 몰리게 하면, 한층 더 매력적인 표정으로 변신
합니다.

HOW TO MAKE ▷ P110

# 닭, 병아리, 달걀

닭은 모양과 크기가 다른 폼폼 4개를 만들어 조합했어요. 볏이나 고기수염
의 모양을 바꾸기만 해도 다양하게 응용할 수 있어요. 병아리 담당, 달걀 담
당으로 역할을 분담해서 엄마와 아이가 함께 만들어도 재미있을 거예요.

HOW TO MAKE ▷ P.106 P.126 P.107

# 펭귄, 아기 펭귄

엄마와 아기 모두 얼굴과 몸통의 폼폼을 연결해서 간단히 만들 수 있어요.
가위 끝을 이용해 실을 색상별로 꼼꼼하게 구분해서, 색과 색의 경계선을
확실하게 표현하세요. 엄마의 몸은 실을 적당히 커트해서 원하는 형태로 완
성해 보세요.

HOW TO MAKE ▷ P.111 P.126

# 바다표범

새하얗고 동글동글한 모습이 사랑스러운 하프물
범. 배 쪽을 납작한 모양으로 커트하면 표면을 매
끄럽게 다듬을 수 있어요. 뭔가 곤란한 듯한 회색
눈썹이 표정을 결정짓는 포인트랍니다.

HOW TO MAKE ▷ P112

# 개구리

조금 이질적인 존재감을 뽐내는 물가의 생물도 털
실로 만들면 따뜻한 질감과 포근한 분위기를 표현
할 수 있어요. 눈 주위의 올록볼록한 부분을 주의
깊게 관찰해서 완성하세요.

HOW TO MAKE ▷ P.113

# 올챙이

개구리라면 올챙이 시절을 당연히 거쳐야 하니까,
재미 삼아 만들어 봤습니다. 움직이는 눈(까만 눈
동자가 빙글빙글 움직이는 부자재)을 달아도 재미
있을 것 같아요.

HOW TO MAKE ▷ P127

# 돼지

돼지의 귀여움이 돋보이도록 디테일에 정성을 기울여 만들어 보세요. 다리와 다리 사이의 경계선이나 엉덩이의 움푹 들어간 부분은 섬세하게 커트해 주세요.

HOW TO MAKE ▷ P114

쥐

뾰족한 머즐에 분홍색 코, 동그란 눈동자와 긴 꼬
리가 귀여운 새앙쥐. 흰색과 갈색, 베이지색 등 몸
의 색을 자유롭게 연출해 보세요.

HOW TO MAKE ▷ P.115

## 두더지

뷰홍색 실로 머즐을 만들고 주변을 짧게 커트해서
머리 모양을 만듭니다. 땅 속에서 퇴화한 작은 눈
이 두드러지지 않는 만큼 방긋 웃는 입 모양을 수
놓아 강조해 주세요.

HOW TO MAKE ▷ P116

# 쿼카

웃음기 가득한 얼굴 덕분에 '세상에서 가장 행복한 동물'로 불리는 쿼카. 쥐가 아니라 캥거루처럼 배에 주머니가 있는 유대류라고 합니다. 작게 모은 앞다리가 정말 귀엽지 않나요?

HOW TO MAKE ▷ P.117

# 고슴도치

등 쪽은 초콜릿색과 베이지색 실을 2가닥씩 감습니다. 뾰족한 코끝은 니들 펠트용 바늘로 턱밑에서 위쪽으로 콕콕 찔러서, 코가 위로 들린 모양으로 완성해 주세요.

HOW TO MAKE ▷ P118

# 양

머즐 부분에만 일반 털실을 사용하고, 몸 부분의
털은 뽀글뽀글한 루프 형태의 털실을 사용했습니
다. 양털로 털실을 만들었는데 다시 양으로 되돌
아갔네요.

HOW TO MAKE ▷ P.119

# 사자

얼굴 부분은 폼폼 메이커의 위쪽 날개에만 실을 감아서 반구 모양으로 만들었습니다. 눈 밑에 하얀 라인을 넣어주면 금빛 눈이 한층 또렷하게 연출됩니다.

HOW TO MAKE ▷ P120

# 캥거루, 아기 캥거루

머즐 주변의 실을 깔끔하게 다듬으면 얼굴이 슬림해집니다. 토대가 되는 폼폼의 수가 많아서 조금 인내심이 필요하지만, 완성 후에는 멋진 캥거루의 모습으로 변신해요. 옆 페이지처럼 세트로 만들어도 재미있어요.

HOW TO MAKE ▷ P.122 P.125

## ● 준비물

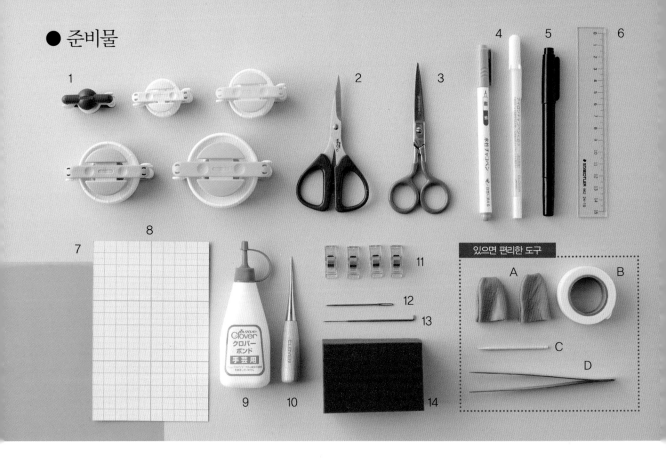

◎ **도구**  이 책에서 사용하는 도구의 종류입니다. 일반 수예점이나 문구점에서 구입할 수 있으니 꼭 준비하기 바랍니다.

### 1 폼폼 메이커

기본이 되는 폼폼(53쪽)을 만들 때 실을 감아서 사용합니다. 만들고 싶은 폼폼의 크기에 맞춰서 폼폼 메이커의 사이즈를 구분해 사용하세요. (위 왼쪽: 25mm, 위 가운데: 35mm, 위 오른쪽: 45mm, 아래 왼쪽: 55mm, 아래 오른쪽: 65mm_슈퍼 폼폼 메이커 / 클로버 제품)

### 2 수예용 가위

실이나 펠트를 자를 때 사용합니다. 가윗날 끝이 예리한 제품을 선택하세요. 이 책에서 말하는 가위는 대부분 이것입니다. (컷워크 가위 115 / 클로버 제품)

### 3 공작용 가위

두꺼운 종이나 클리어 파일을 자를 때 사용합니다. 사무용 가위로 충분히 대체할 수 있습니다.

### 4 초크펜

패턴을 펠트에 베껴 그리거나 표시할 때 사용합니다. 초콜릿색이나 검은색 등의 펠트에 그릴 경우에는 진한 색지용 초크펜이 있으면 편리합니다. (보라색: 수성 초크펜, 흰색: 아이론 초크펜 / 클로버 제품)

### 5 검은색 유성펜

패턴을 클리어 파일에 베껴 그리거나 펠트로 만든 부위에 색을 칠할 때 사용합니다. 극세필용과 세필용으로 구분해서 사용하는 타입이 편리합니다.

### 6 자

재료나 부위의 치수를 잴 때 사용합니다.

### 7 클리어 파일

패턴이나 머즐 스케일(52쪽)을 만들 때 사용합니다.

### 8 두꺼운 종이

지정한 크기로 잘라서 미니 폼폼 카드나 롱 폼폼 카드(52쪽)를 만듭니다. 눈금이 있는 공작용 종이가 가장 좋습니다.

### 9 수예용 접착제

폼폼의 매듭에 발라서 보강하거나 펠트 부분이나 인형 눈을 접착할 때 사용합니다. 목공용 접착제로 대체할 수 있습니다. (수예용 접착제 / 클로버 제품)

### 10 송곳

펠트에 구멍을 내거나 폼폼 매듭에 감은 실을 긁어내는 등 세밀한 작업을 할 때 사용합니다. (S 송곳 / 클로버 제품)

### 11 클립

펠트로 만든 부위에 접착제를 발라서 모양을 만들 때 임시로 고정하거나, 롱 폼폼 카드를 고정할 때 사용합니다. 작은 빨래집게로 대체할 수 있습니다. (임시 고정 클립 / 클로버 제품)

### 12 털실용 돗바늘

바늘귀에 매듭실(49쪽)을 끼워서 폼폼을 연결할 때 사용합니다. 12~13호 제품이 가장 적합합니다.

### 13 니들 펠트용 바늘

양모나 털실을 콕콕 찔러 뭉칠 때 사용합니다. 바늘 끝이 울 섬유를 뭉쳐 안쪽으로 밀어넣을 수 있게 만들어졌습니다. (펠트 펀처 리필 바늘_스피드 바늘 / 클로버 제품)

### 14 니들 펠트용 펀칭 매트

양모나 털실을 콕콕 찔러 뭉칠 때 받침으로 사용합니다.

◎ **재료**  한 권으로 끝내는 동물 폼폼을 만들기 위한 재료입니다. 각 작품별 재료는 55쪽부터 시작되는 만들기 페이지에 실었습니다.

### 1 실
폼폼 기본 재료로, 폼폼 메이커나 두꺼운 종이에 감아서 동물의 얼굴과 몸통, 다리 등을 만듭니다. ⇒ 50쪽 참조

### 2 펠트
일정한 모양이나 크기로 잘라서 귀와 손가락 등의 부위를 만듭니다. ⇒ 51쪽 참조

### 3 양모
적당량을 니들 펠트용 바늘로 콕콕 찔러 뭉쳐서 동물의 코와 입 등을 만듭니다. ⇒ 50쪽 참조

### 4 모루(털철사)
약 27cm로 잘라 놓은 수예용 컬러 모루. 올빼미 다리에 사용합니다. (흰색 6mm, 베이지색 3mm)

### 5 컬러 솜방울(뽕뽕이)
코알라의 코와 고양이의 앞다리에 접착제로 붙여서 사용합니다. (흰색 15mm, 검은색 10mm, 검은색 8mm)

### 6 인형 눈
접착제로 붙여서 사용합니다. 다양한 종류의 눈이 판매되고 있으므로 적당한 색이나 크기를 선택하세요. ⇒ 51P 참조

### 7 매듭실
35~65mm 크기의 기본 폼폼과 미니 폼폼을 만들 때 사용합니다. 18~20호의 레이스실이나 가는 연줄로도 대체할 수 있습니다. (매듭실 / DARUMA 제품)

### 8 단추 달기용 실
25mm 크기의 기본 폼폼을 만들 때 매듭실을 대신해서 사용합니다. 20호 정도의 폴리에스테르 소재의 실을 선택하세요.

### 9 테크노로트
롱 폼폼이나 새의 다리에 넣는 심재로 사용합니다. 굴곡에 강한 플라스틱 소재이며 공작용 가위로 쉽게 자를 수 있습니다. (테크노로트_형상 유지 심재 H204-593, 〈L〉H430-058 / 하마나카 제품)

### 10 낚싯줄
고양이와 쥐의 수염에 사용합니다. 이 책에서는 2호(지름 약 0.25mm)를 사용했습니다.

## ◎ 실

배색이 풍부한 중세사 정도의 실을 주로 사용합니다.
똑같은 실을 구하지 못했다면, 울 함량이 높은 실을 선택하세요.

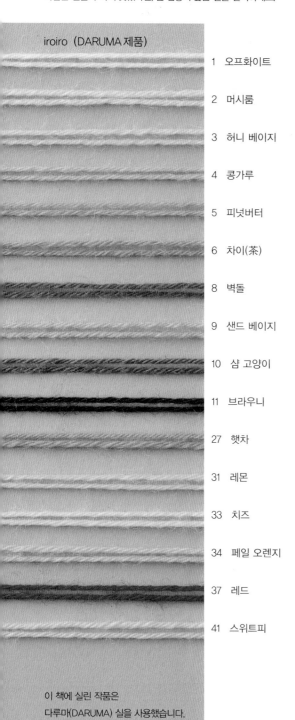

iroiro (DARUMA 제품)

| | |
|---|---|
| 1 | 오프화이트 |
| 2 | 머시룸 |
| 3 | 허니 베이지 |
| 4 | 콩가루 |
| 5 | 피넛버터 |
| 6 | 차이(茶) |
| 8 | 벽돌 |
| 9 | 샌드 베이지 |
| 10 | 샴 고양이 |
| 11 | 브라우니 |
| 27 | 햇차 |
| 31 | 레몬 |
| 33 | 치즈 |
| 34 | 페일 오렌지 |
| 37 | 레드 |
| 41 | 스위트피 |

이 책에 실린 작품은
다루마(DARUMA) 실을 사용했습니다.
요코타 주식회사 DARUMA
http://www.daruma-ito.co.jp/

50

| | |
|---|---|
| 47 | 블랙 |
| 48 | 다크 그레이 |
| 49 | 그레이 |
| 50 | 라이트 그레이 |

원사에 가까운 메리노울 (DARUMA 제품)

| | |
|---|---|
| 1 | 에크루 |
| 8 | 라이트 그레이 |

꼬불꼬불한 LOOP (DARUMA 제품)

| | |
|---|---|
| 7 | 베이지 |

## ◎ 양모

니들 펠트용 바늘로 콕콕 찔러 뭉쳐서 동물의 코를 만들거나 머즐에 찔러
붙여서 입의 라인을 표현합니다.

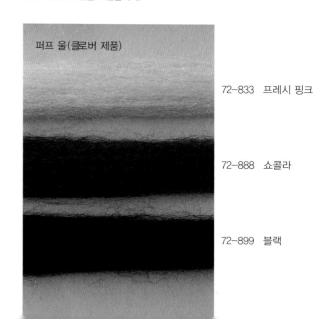

퍼프 울(클로버 제품)

| | |
|---|---|
| 72-833 | 프레시 핑크 |
| 72-888 | 쇼콜라 |
| 72-899 | 블랙 |

## ◎ 펠트

똑같은 제품을 구하지 못한 경우에는 비슷한 색으로 대체할 수 있는데,
감촉이 좋은 울 혼방 제품을 추천합니다.

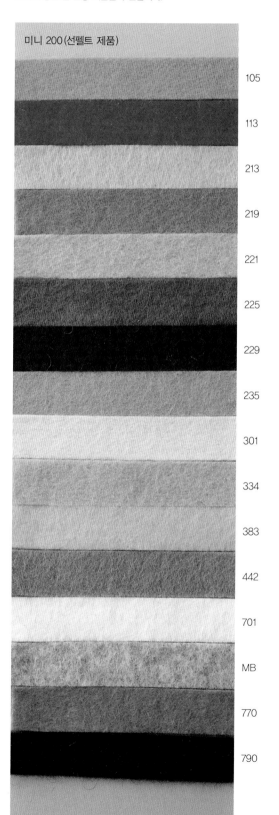

미니 200(선펠트 제품)

105
113
213
219
221
225
229
235
301
334
383
442
701
MB
770
790

## ◎ 인형 눈

접착제를 발라 끼워 넣어 고정하는 타입. 크기와 색상의 미묘한 차이로
얼굴 표정이 크게 달라집니다.

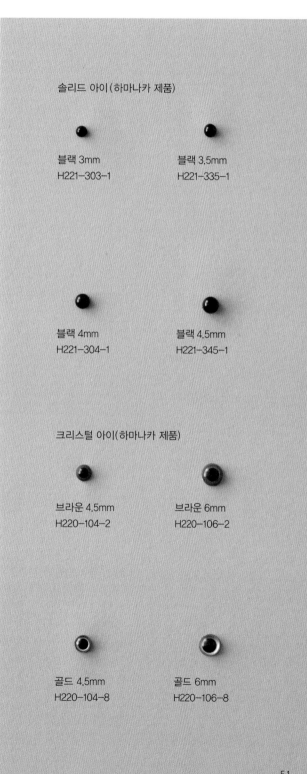

솔리드 아이(하마나카 제품)

블랙 3mm
H221-303-1

블랙 3.5mm
H221-335-1

블랙 4mm
H221-304-1

블랙 4.5mm
H221-345-1

크리스털 아이(하마나카 제품)

브라운 4.5mm
H220-104-2

브라운 6mm
H220-106-2

골드 4.5mm
H220-104-8

골드 6mm
H220-106-8

51

## 두꺼운 종이와 클리어 파일로 만드는 도구

53쪽의 미니 폼폼이나 롱 폼폼, 또는 동물들의 머즐(코와 주둥이의 솟아나온 부분)을 만들기 위한 도구입니다. 각 작품별 도구 사이즈는 55쪽 이후의 만들기 페이지를 참조하세요.

### 미니 폼폼 카드 (단위: ㎝)

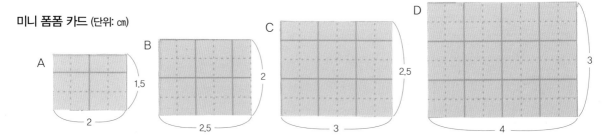

A ── 2 × 1.5
B ── 2.5 × 2
C ── 3 × 2.5
D ── 4 × 3

### 롱 폼폼 카드 (단위: ㎝)   *똑같은 카드를 2장씩 만드세요

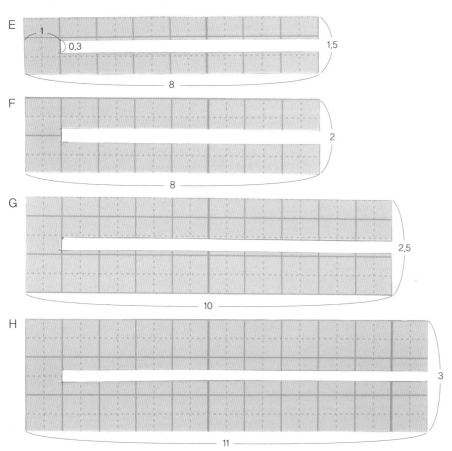

E ── 1 / 0.3 / 8 × 1.5
F ── 8 × 2
G ── 10 × 2.5
H ── 11 × 3

### 머즐 스케일

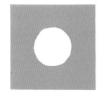

만드는 법

**1** 패턴(부록) 위에 클리어 파일을 올리고, 유성펜으로 윤곽을 베껴 그립니다.

**2** 원 바깥쪽에 약 1㎝ 여백을 두고 공작용 가위로 네모나게 자릅니다.

**3** 2를 접어서 원 내부에 가위집을 넣고 윤곽을 따라 자릅니다.

# 폼폼의 크기와 종류

폼폼 3종(기본, 롱, 미니)을 조합해서,
이 책에 실린 모든 작품을 만들 수 있습니다.

65mm

## 기본 폼폼

동물의 얼굴이나 몸통이 되는 동그란
모양의 폼폼. 폼폼 메이커에 털실을
돌돌 감아서 만듭니다.

55mm

45mm

25mm

35mm

## 롱 폼폼

다리나 꼬리가 되는 길쭉한 모양의
폼폼. 롱 폼폼 카드에 털실을 돌돌 감
아서 만듭니다.

## 미니 폼폼

귀나 꼬리가 되는 작은 폼폼. 미니 폼
폼 카드에 털실을 돌돌 감아서 만듭
니다.

53

# ● 만들기 페이지를 보는 방법

55쪽, 72쪽 이후에 실린 '만들기 페이지'를 보는 방법입니다.

작품이 실린 쪽을 말합니다.

사용하는 폼폼 메이커, 두꺼운 종이나 클리어 파일로 만드는 도구(52쪽)의 크기입니다.

사용하는 실이나 기타 재료에 관한 자세한 사항은 49~51쪽에 있습니다. 실의 색을 나타내는 괄호 안의 동그라미는 실 감기 도안 속의 색과 같습니다. 각 작품에 사용하는 실의 기준량도 실려 있으니 참고하세요.

머리 폼폼과 몸통 폼폼을 연결한 상태입니다. 머리와 몸통의 방향을 맞출 때(62쪽~3) 이 사진을 참고하세요.

머즐이 되는 범위를 점선으로 표시했습니다.

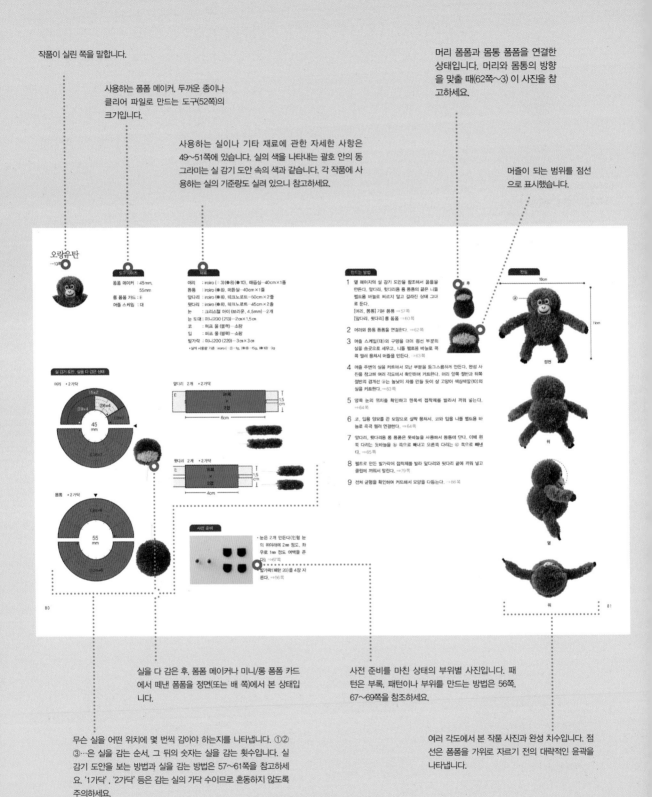

실을 다 감은 후, 폼폼 메이커나 미니/롱 폼폼 카드에서 떼낸 폼폼을 정면(또는 배 쪽)에서 본 상태입니다.

사전 준비를 마친 상태의 부위별 사진입니다. 패턴은 부록, 패턴이나 부위를 만드는 방법은 56쪽, 67~69쪽을 참조하세요.

무슨 실을 어떤 위치에 몇 번씩 감아야 하는지를 나타냅니다. ①②③…은 실을 감는 순서, 그 뒤의 숫자는 실을 감는 횟수입니다. 실 감기 도안을 보는 방법과 실을 감는 방법은 57~61쪽을 참고하세요. '1가닥', '2가닥' 등은 감는 실의 가닥 수이므로 혼동하지 않도록 주의하세요.

여러 각도에서 본 작품 사진과 완성 치수입니다. 점선은 폼폼을 가로로 자르기 전의 대략적인 윤곽을 나타냅니다.

## ● 기본 만들기

이 책에 나오는 동물 폼폼의 기본이 되는 '판다' 만드는 방법입니다. 시작부터 완성까지의 과정을 확인해 보세요.

판다
→11쪽

### 재료

머리   : iroiro (○1)(●47), 매듭실 … 40cm×1줄
몸통   : iroiro (○1)(●47), 매듭실 … 40cm×1줄
꼬리   : iroiro (○1), 매듭실 … 30cm×1줄
앞다리 : iroiro (●47), 테크노로트 … 45cm×2줄
뒷다리 : iroiro (●47), 테크노로트 … 45cm×2줄
눈     : 솔리드 아이(블랙, 4mm) … 2개
코     : 퍼프 울(블랙) … 소량
입     : 퍼프 울(블랙) … 소량
귀     : 미니 200(790) … 4cm×3cm
* 실의 사용량 기준 : iroiro (○1)…13g, (●47)…8g

### 실 감기 도안, 실을 다 감은 상태

머리  *2가닥

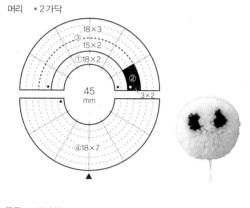

③18×3
③
-15×2
①18×2
45mm
②
3×2
④18×7
▲

몸통  *2가닥

②12×7
①12×7
55mm
③24×7
▲

꼬리  *2가닥

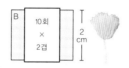

B
10회
×
2겹
2cm

앞다리  2개  *2가닥

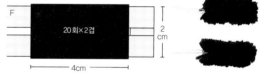

F
20회×2겹
2cm
4cm

뒷다리  2개  *2가닥

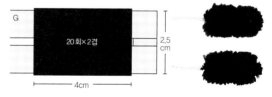

G
20회×2겹
2.5cm
4cm

### 완성

10.5cm
8.5cm

ⓑ  ⓐ

정면          뒤          옆          위

## ◎ 부위별로 사전 준비하기

작은 부위를 미리 준비해 놓으면 작업이 순조롭습니다. 여기에서는 부록의 패턴을 사용해서 판다의 귀를 만들어 봅니다.

### 1. 패턴을 만들고 펠트를 자른다

**1** 부록의 패턴(판다 귀는 패턴7) 위에 클리어 파일을 올려놓고, 유성펜으로 윤곽을 베껴 그립니다.

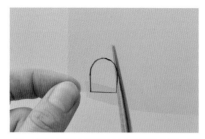

**2** 공작용 가위로 윤곽을 따라 클리어파일을 자릅니다.

**3** 패턴 완성.

\* 치수가 기재된 패턴은 자를 이용해 펠트에 직접 표시해도 됩니다.

**4** 자른 패턴을 지정한 색상의 펠트 위에 올리고 초크펜으로 윤곽을 베껴 그립니다.

**5** 수예용 가위로 윤곽을 따라 펠트를 자릅니다.

펠트를 자른 상태.

### 2. 귀를 만든다

**1** 자른 펠트의 귀 연결 부분(약 2mm)에 이쑤시개로 접착제를 바릅니다.

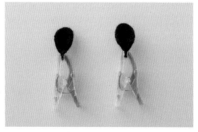

**2** 연결 부분을 반으로 접은 후 클립에 끼워서 말립니다.

귀가 완성되었습니다.

북방족제비(17쪽)나 고양이(23쪽) 등의 귀는 연결 부분의 지정한 위치(부록 패턴 참조)에만 접착제를 바른 후 사진과 같이 클립에 끼워서 말립니다.

## ◎ 폼폼 만들기

폼폼 메이커, 미니 폼폼 카드, 롱 폼폼 카드에 실을 감아서
동물들의 토대(베이스)가 되는 폼폼을 만듭니다.

### 1. 기본 폼폼 만들기
∙∙∙∙∙∙∙∙∙∙∙∙∙∙∙∙∙∙∙∙∙∙∙∙∙∙∙∙∙∙∙∙

[ 머리 ] ①의 부분
사용 실 : iroiro ○ 1

**실 감기 시작**

**1** 실타래 안쪽과 바깥쪽의 실 끝을 맞춰서 실을 2
가닥으로 만듭니다.

**2** 실 감기 도안의 ① 부분을 감습니다. 45㎜ 폼폼
메이커의 두 날개를 가지런히 펴서 실 끝을 엄
지로 누릅니다.

**실 감기 끝**

**3** 실 감기 도안의 ● 위치에서 실을
감습니다. 실 끝을 겹쳐가며 2~3
회 정도 감은 뒤 엄지를 뗍니다.
실이 고정된 상태.

**4** 날개의 오른쪽 끝에서 왼쪽 끝까
지 실을 총 18회 감습니다. 실 한
겹을 다 감은 모습.
＊실은 팽팽하게 잡아당겨 가며 감으
세요.

**5** 계속해서 실을 한 겹 더 감아줍니
다. 이번에는 왼쪽 끝에서 오른쪽
끝으로 18회 감습니다.

**6** 마지막 1회는 실을 검지에 건 후,
실 끝을 4~5㎝ 정도 남기고 자
릅니다.

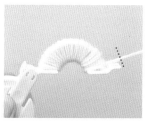

[ 머리 ] ②의 부분
사용 실 : iroiro ● 47

**7** 실 끝을 고리 속으로 통과시켜서
잡아당깁니다.

**8** 실 끝은 날개의 가장자리로부터
1cm 정도 떨어진 곳에서 자릅니
다.

**9** ①을 다 감은 모습.

3×2

[ 머리 ] ③의 부분
사용 실 : iroiro ○ 1

18×3
③
15×2

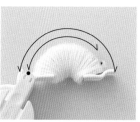

**10** ● 위치에서부터 실을 3회×2겹
감습니다.

**11** ②를 다 감은 모습. 실 감기 끝 부
분은 6~8과 같은 방법으로 처리
하고 실을 자릅니다.

**12** ● 의 위치에서부터 실을 15회×2
겹, 18회×3겹의 순서로 감습니다.

[ 머리 ] ④의 부분
사용 실 : iroiro ○ 1

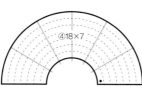

④18×7

**13** 위쪽 날개에 실을 다 감은 모습. 날개를 닫았습니다.

**14** 아래쪽 날개에 실을 감을 때는 실 감기 도안을 거꾸로 뒤집어서 봅니다. 반대쪽 날개를 펴서 ●의 위치에서부터 18회×7겹 감습니다.

**15** 아래쪽 날개에도 실을 다 감은 모습. 날개를 닫았습니다.

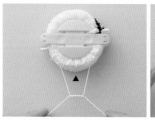

**16** 날개의 측면에 가윗날을 넣어서, 감은 실의 둘레를 한 바퀴 빙 둘러 자릅니다.
  * 두툼해서 자르기 어려울 때는 가윗날 끝을 이용해 조금씩 잘라 나가세요.

**17** 잘린 실의 틈새에 화살표와 같이 매듭실(25㎜ 폼폼 메이커를 사용할 때는 단추 달기용 실)을 걸칩니다.

**18** 실을 2번 감아 ▲의 위치에서 꽉 잡아당겨 묶습니다. (이중매듭 ⇒ 부록)

**19** 같은 위치에서 다시 한 번 실을 묶습니다. 이때 18과 반대 방향으로 실을 감으면 튼튼한 매듭이 완성됩니다. (단순매듭 역방향 ⇒ 부록).

**20** 폼폼 메이커의 양 날개를 펴서 폼폼을 떼어냅니다.

**21** 튀어나오거나 길이가 고르지 못한 실이 있으면 잘 다듬어 줍니다.

단색 실로 폼폼을 만들 경우, 돗바늘을 이용해 중심에 다른 색상의 실을 끼워 놓으세요. 머리 폼폼과 몸통 폼폼의 방향을 맞춰 연결할 때(62쪽-3) 표시점이 됩니다.

22 양 손바닥으로 폼폼을 굴려서 공 모양이 되도록 모양을 잡습니다.

23 표면이 울퉁불퉁하면 다시 한 번 가위로 잘라서 둥글게 모양을 잡아 줍니다.

24 55쪽에 있는 실을 다 감은 상태의 사진을 참고해, 가윗날 끝을 이용해 실을 원래의 위치로 되돌립니다.

머리 폼폼이 완성되었습니다.

---

[ 몸통 ] ①의 부분
사용 실 : iroiro ● 47

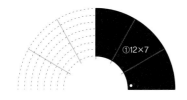

25 55mm 폼폼 메이커의 날개를 펴서 ●의 위치에서부터 실을 12회×7겹 감습니다. 두껍게 감긴 실이 뭉개지지 않도록 엄지로 꾹 눌러가며 감으세요.

---

[ 몸통 ] ②의 부분
사용 실 : iroiro ○ 1

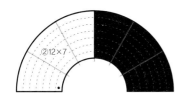

26 ●의 위치에서부터 실을 12회×7겹 감습니다.

27 위쪽 날개에 실을 다 감은 모습. 날개를 닫았습니다.

---

[ 몸통 ] ③의 부분
사용 실 : iroiro ○ 1

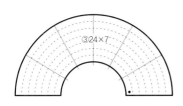

28 반대쪽 날개를 펴서 ●의 위치에서부터 실을 24회×7겹 감습니다. 아래쪽 날개에 실을 다 감고 날개를 닫아줍니다.

29 16~24를 참고해 감은 실의 둘레를 잘라 지정한 위치에서 묶은 후, 폼폼을 떼어냅니다. 모양을 다듬으면 몸통 폼폼 완성.

## 2. 미니 폼폼 만들기

### [ 꼬리 ] 사용 실 : iroiro ○ 1

**1** 55쪽의 실 감기 도안을 참고해, 미니 폼폼 카드 (B)에 실 1가닥으로 10회×2겹 감습니다.

\* 실 감기 시작과 끝 부분은 기본 폼폼(57쪽)과 같습니다.

\* 두꺼운 종이가 휘지 않게 적절히 힘을 조절하며 감으세요.

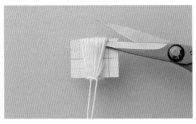

**2** 감은 실과 두꺼운 종이 사이에 매듭실을 통과시켜서 순서대로(이중매듭 → 단순매듭 역방향) 매듭을 묶어줍니다.

**3** 감은 실의 상단을 자른 후, 카드에서 떼어냅니다.

꼬리용 미니 폼폼이 완성되었습니다 .

## 3. 롱 폼폼 만들기

### [ 앞다리 ] 사용 실 : iroiro ● 47

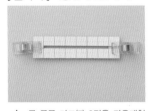

**1** 롱 폼폼 카드(F) 2장을 좌우대칭이 되게 겹치고 양끝을 클립으로 고정합니다.

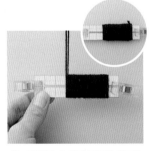

**2** 55쪽의 실 감기 도안을 참고해, 지정한 길이의 눈금까지 실 2가닥으로 20회×2겹을 감습니다.

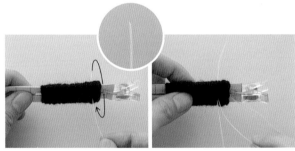

**3** 테크노로트의 끝을 비스듬히 자르고, 감긴 실 끝에서 5㎜ 안쪽 위치에 끼워 넣어 두꺼운 종이의 틈새를 통과합니다. 다음, 사진의 화살표로 표시된 곳으로 나와서 처음 위치에서 다시 한 번 끼워 넣습니다.

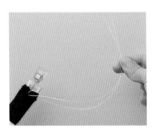

**4** 카드에서 나온 테크노로트 2줄의 길이가 똑같아지도록 조절합니다.

**5** 4의 위치에서 5㎜ 정도 떨어진 곳에 테크노로트의 양끝을 각각 양면에서 끼워 넣습니다.

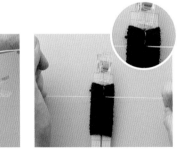

**6** 꽉 잡아당겨서 조여 주면, 2개의 땀이 완성됩니다.

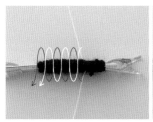 

7 2~3땀마다 테크노로트를 꽉 잡아당겨 조여 가며, 약 5mm 간격으로 박음질 하듯이 처리합니다.

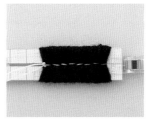

8 끝에서 순서대로(단순매듭 정방 향 → 단순매듭 역방향) 매듭을 묶습니다.

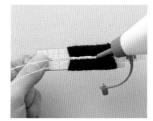

9 테크노로트로 박음질한 자리에 접착제를 바릅니다. 양면 모두 해 주세요.

10 접착제가 마르기 전에 감은 실의 상단과 하단을 자릅니다.

11 겹친 카드 2장을 양쪽으로 빼서 폼폼을 떼어냅니다.

12 손가락 사이에 끼우고 위아래로 눌러서, 접착제가 박음질 자리에 스며들게 합니다.

13 폼폼을 양쪽 손바닥으로 굴려서 전 체에 접착제가 스며들게 합니다.

14 꼬리 연결 부분에서 끝으로 쭉 훑 듯이 털의 결을 정리합니다.

15 튀어나온 실을 잘라서 모양을 잡 습니다.

16 끝 쪽은 실이 갈라져서 테크노로트가 보이므로 니들 펠트용 바늘로 콕콕 찔 러서 숨깁니다.

앞다리용 롱 폼폼이 완성되었습니다.

17 실 감기 도안을 참고해 앞다리, 뒷 다리 폼폼을 각 2개씩 만듭니다.

## ◎ 머리와 몸통 폼폼 연결하기

매듭실을 묶어서 머리와 몸통 폼폼을 연결합니다.
연결 부분이 느슨해지지 않도록 주의해서 작업하세요.

연결 후

1 머리와 몸통 폼폼에서 2가닥씩 나와 있는 매듭
실끼리 3회 감아줍니다.

2 감은 실을 꽉 잡아당깁니다.

3 위의 사진을 참고하여 머리와 몸통의 방향을 맞
춥니다.

정면

단색 실로 만들 경우, 58쪽-21에서 연결해 놓
은 다른 색상의 실이 수평이 되도록 머리와 몸
통의 방향을 맞춥니다.

4 연결 부분이 느슨해지지 않게 머리와 몸통을 눌
러가며 실을 뒤쪽으로 돌립니다.

5 매듭실끼리 한 번 감아 꽉 잡아당겨 묶습니다.
(단순매듭⇒부록)

6 5의 매듭에 말려 들어간 실을 송곳으로 뽑아 내
서 다시 한 번 매듭실을 꽉 잡아당깁니다.

7 이번에는 5와 반대 방향으로 매듭실끼리 한 번
감아 묶고(단순매듭 역방향⇒부록) 6과 같은 방
법으로 다시 한 번 꽉 잡아당겨 묶습니다.

머리와 몸통 폼폼이 연결되었습니다.

8 뒤쪽으로 나온 매듭실은 앞뒤 방향의 표시점이
되므로 5~6㎝ 남겨 놓으면 좋습니다. 만약 방
해가 된다면 매듭에 접착제를 바른 후, 잘라 내
도 괜찮습니다.

## ◎ 머리와 몸통 모양 만들기

완성 사진을 참고해 여러 각도에서 확인하며 세심하게 작업하세요.
판다 외의 커트 포인트(69쪽—7, 8)도 참고하세요.

### 1. 머즐 만들기

점선 부분이 머즐 위치

1 머즐 위치에 머즐 스케일(중)의 구멍을 대고 송곳으로 점선 부분의 실을 일으켜 세웁니다.

2 세운 실뭉치를 손가락으로 집어서, 바깥쪽에서 중심 쪽으로 니들 펠트용 바늘을 사용해 콕콕 찔러 뭉칩니다.

3 실이 단단하게 뭉쳐지면 스케일을 떼어내고 다시 한 번 머즐 끝을 콕콕 찔러서 오므라뜨립니다.

4 실을 커트해 모양을 정리합니다.

머즐이 완성되었습니다

### 2. 커트해서 모양 정리하기

1 가윗날 끝으로 머즐 주변의 실을 세워서 짧게 커트합니다.

커트한 모습입니다.

2 모난 부분이 없도록 둥그스름하게 다듬어 줍니다.

3 완성 사진을 참고해, 전체를 여러 각도에서 확인하며 커트합니다.

커트를 마친 상태입니다 .

## ◎ 눈코입과 귀 만들기

얼굴의 세세한 부위를 붙여 줍니다. 붙이는 위치에 따라 표정이 크게 달라지므로 만드는 사람의 개성이 드러난다는 점도 즐거운 포인트입니다.

### 1. 코 만들기

1 지정한 색상의 양모 소량을 준비 합니다.

2 반으로 접어 펀칭매트 위에 올려 놓고 끝에서부터 꼭꼭 말아 줍니다.

3 마지막 끝 부분을 1~2cm 남기고 둥글게 만 부분을 니들 펠트용 바늘로 여러 번 콕콕 찔러서 형태를 만듭니다.

아이들과 함께 작업할 때는 니들 펠트용 골무가 있으면 안전하게 작업할 수 있습니다.

4 둥글게 말아 놓은 부분 전체를 다시 한 번 콕콕 찔러 뭉쳐서 원형을 만듭니다.

5 니들 펠트용 바늘을 이용해, 남겨 놓은 양모의 가장자리를 머즐 끝에 콕콕 찔러 연결합니다.

6 코와 코 연결 부분을 니들 펠트용 바늘로 콕콕 찔러 모양을 다듬어줍니다.

코를 붙인 모습입니다.

### 2. 눈 붙이기

1 양쪽 눈을 임시로 끼워 넣어서 눈의 위치를 확인합니다.

2 눈을 하나씩 빼서 접착제를 발라 1의 위치에 다시 끼워 넣습니다.

눈을 붙인 모습입니다.

### 3. 입 만들기

1 지정한 색상의 양모 소량을 준비해 끈 모양으로 살짝 뭉친 후, 니들 펠트용 바늘로 끝 부분을 코밑에 콕콕 찔러 넣습니다.

2 아래쪽으로 3~4mm 구간에 '코밑 ~입' 라인을 찔러 넣고 남은 양모는 가위로 잘라냅니다.

3 입도 같은 방법으로 찔러 넣어 만들어 줍니다.

입을 붙인 모습입니다.

## 4. 귀 붙이기

**1** 미리 만들어 놓은 귀(56쪽 참조)를 머리에 임시로 끼워 넣어 위치를 확인합니다.

**2** 귀의 연결 부분에 접착제를 발라서 1의 위치에 다시 끼워 넣습니다.

귀를 붙인 모습입니다.

## ◎ 몸 조립하기

다리와 꼬리 등 미리 만들어 놓은 부위를 몸통에 붙여 줍니다.
각 부위의 연결 위치는 완성 사진을 참고하세요.

## 1. 다리 달기

**1** 앞다리용 롱 폼폼에서 나온 테크노로트 2줄을 돗바늘에 2cm 정도 꿴 다음, 꽉 접어 구부립니다.

**2** 완성 사진을 참고해, 왼쪽(마주보고 오른쪽) 앞다리 연결 위치에 바늘을 찔러 넣습니다.

**3** 2의 반대쪽(55쪽 ⓐ)으로 바늘을 빼냅니다.

**4** 오른쪽 앞다리도 2와 좌우대칭이 되는 위치에 바늘을 찔러 넣어 반대쪽(55쪽 ⓑ)으로 빼내고, 테크노로트를 잡아당깁니다.

**5** 테크노로트 2쌍을 뒤쪽으로 돌립니다.

**6** 양쪽 앞다리 길이가 같도록 조절해서 순서대로 (단순매듭 정방향 → 단순매듭 역방향) 매듭을 묶습니다.
* 몸통 폼폼의 실을 젖히고 최대한 폼폼 중심 쪽에서 묶으세요.

**7** 매듭에 접착제를 바르고, 1cm 떨어진 곳에서 남은 테크노로트를 잘라냅니다.

앞다리를 단 모습입니다 .

**8** 같은 방법으로 왼쪽 뒷다리의 테크노로트는 ⓐ 근처, 오른쪽 뒷다리는 ⓑ 근처로 바늘을 빼냅니다.

**9** 좌우대칭이 되도록 다리를 달고, 6~7의 방법으로 뒤쪽에서 매듭 짓고 접착제를 발라 잘라내면 완성입니다.

## 2. 꼬리 달기

1 꼬리용 미니 폼폼의 연결 부분(약 1cm)을 돌려가 며, 니들 펠트용 바늘로 20~30회 콕콕 찔러 뭉 칩니다.

2 매듭실 중 1가닥을 돗바늘에 꿰어, 꼬리 연결 위 치에서 살짝 오른쪽에 바늘을 찔러 넣습니다.

3 몸통을 통과해 2의 반대쪽으로 바늘을 빼냅니다.

4 나머지 매듭실 1가닥은 꼬리 연결 위치보다 살 짝 왼쪽에서 반대쪽으로 빼냅니다.

5 매듭을 순서대로(단순매듭 정방향→단순매듭 역방향) 묶고, 매듭에 접착제를 바르고 남은 매 듭실을 잘라냅니다.

6 완성 사진을 참고해 꼬리 모양을 정돈합니다.

## ◎ 다듬어 완성하기

완성 사진을 참고해 여러 각도에서 확인하며 커트해 모양을 다듬어 줍니다 .

1 전체 균형을 확인하며 섬세하게 가위질해 줍니 다.

2 목 뒤로 나온 매듭실의 매듭에 접착제를 바르고 남은 실을 잘라냅니다.

  * 쥐나 두더지처럼 몸이 가로로 긴 동물은 목 부분의 매듭실을 자르지 않고 남겨 두면 키홀더로 만들 때(아래) 편리합니다.

완성!

## 키홀더로 만들어 봅시다

재료: 매듭실(20cm), 이중 O링(지름 약 8mm), 좋아하는 체인이나 키홀더 장식

1 돗바늘에 매듭실을 꿰어, 머리 중 심에 있는 매듭실을 떠 줍니다.

2 1의 매듭실에 이중 O링을 끼워서 순서대로 매듭(단순매듭 정방향 →단순매듭 역방향)을 묶습니다.

3 매듭에 접착제를 바른 후 남은 실 을 잘라내고, 이중 O링에 원하는 장식을 달면 완성.

# ◎ 기타 부위 만들기

펠트를 사용해 부위를 만들거나 커트하는 방법 등,
판다 편에 나오지 않는 기법에 대해 설명합니다.

## 1. 눈 만들기

 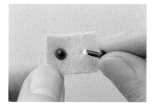 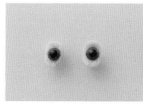 

1 송곳을 이용해 눈 토대용 펠트에 구멍을 2개 뚫습니다.

   * 구멍과 구멍의 간격은 '인형 눈 크기 +3mm' 이상이 되도록 하세요.

2 인형 눈에 접착제를 소량 발라 구멍에 끼워 넣고 말립니다.

3 인형 눈 둘레에 지정한 너비의 여유를 두고 토대용 펠트를 자릅니다. 눈이 완성되었습니다.

## 2. 개구리 눈 만들기

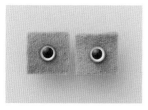  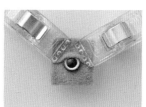 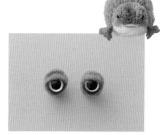

1 토대용 펠트를 1.5cm×1.5cm로 2장 잘라서, 위의 1~2와 같은 방법으로 접착제를 바른 인형 눈을 끼워 넣습니다.

2 눈꺼풀용 펠트를 1.5cm×0.8cm로 2장 잘라서, 뒷면에 접착제를 발라 1의 상단에 붙입니다.

3 클립에 끼워서 말립니다.

4 인형 눈에서 1mm 정도 바깥쪽을 자릅니다. 개구리 눈이 완성되었습니다.

## 3. 2가지 색 귀 만들기

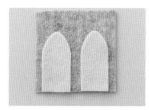   

1 귀 안쪽용 펠트에 지정한 크기의 패턴을 베껴 자른 후, 뒷면에 접착제를 발라 귀 바깥쪽용 펠트에 붙입니다.

2 접착제가 마르면 1mm 정도 여유를 두고 바깥쪽 펠트를 잘라냅니다.

3 귀 연결 부분의 안쪽(약 2mm)에 접착제를 발라 반으로 접고 클립에 끼워서 말립니다.

2가지 색 귀가 완성되었습니다.

## 4. 수염 만들기

1 수염용 낚싯줄 3줄을 중앙에서 '단순매듭'으로 꽉 묶습니다.

2 같은 위치에서 '단순매듭 역방향'으로 묶어주면, 수염이 완성됩니다.

## 5. 새의 다리 만들기

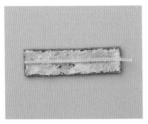

1 A펠트의 한쪽 면 전체에 접착제를 바릅니다. 펠트 중심에 지정한 길이로 자른 테크노로트를 놓고 한쪽 끝을 맞춥니다.

2 1을 반으로 접고 마스킹테이프로 임시 고정해서 말립니다.

3 B펠트 2장 위에 패턴을 올려놓고, 각각 +의 중심에 송곳으로 구멍을 살짝 뚫어서 표시합니다.

4 3의 펠트 중 1장은 + 표시에 맞춰 십자로 칼집을 넣습니다.

* 여기서는 다리 1개 분량으로 설명했는데 2개를 동시에 작업하면 편합니다.

칼집을 넣은 모습입니다.

5 4의 펠트 칼집 부분에 2의 테크노로트를 끼워 넣고, 끝에서 1cm 정도 떨어진 곳을 직각으로 접어 구부립니다.

6 테크노로트의 끝과 펠트의 방향을 사진과 같이 맞춥니다.

7 안쪽 면 전체에 접착제를 발라서 칼집을 넣지 않은 3의 펠트를 붙입니다.

새의 다리 토대가 완성되었습니다.

8 바닥 뒷면에 패턴 C를 방향에 맞춰 겹치고, 구멍 위치와 패턴의 ● 위치를 맞춘 후 초크펜으로 윤곽을 베껴 그립니다.

9 윤곽을 따라 잘라냅니다.

새의 다리가 완성되었습니다. 같은 방법으로 하나 더 만듭니다.

## 6. 원통형 다리 만들기

1 다리용 펠트를 지정한 크기로 자릅니다. 한쪽 면 전체에 접착제를 발라 끝에서부터 단단히 말아 줍니다.

2 마스킹테이프로 임시 고정해서 말립니다.

3 다 마르면 한쪽 끝을 비스듬히 잘라냅니다. 자른 쪽이 발끝이 됩니다.

\* 여기서는 다리 1개 분량으로 설명했는데 2개를 동시에 작업하면 편합니다.

4 발끝 3군데에 칼집(약 3mm)을 넣습니다.

원통 모양의 다리가 완성되었습니다. 펠트의 끝단이 안쪽으로 오도록 좌우대칭으로 만듭니다.

## 7. 대략적인 모양 잡기

1 머리나 몸통의 대략적인 모양을 잡을 때는 가위질을 크게 해줍니다.

2 쥐(38쪽)의 배 쪽을 평평하게 커트하는 모습입니다.

배 쪽이 납작해졌습니다.

## 8. 움푹 들어간 부분 만들기

1 대략적인 모양이 만들어지면, 섬세하게 커트해서 세밀한 부분을 표현합니다.

2 개구리(34쪽) 앞다리와 뒷다리의 경계선을 커트한 모습. 움푹 들어갈 부분을 가위 끝으로 꼭 누르고 가윗날의 각도를 바꿔가며 깊이 잘라냅니다.

앞다리와 뒷다리의 경계선이 움푹 들어갔습니다.

## 9. 2가지 색으로 실 감기

**2가닥일 경우**

지정한 2가지 색의 실 끝을 각각 1가닥씩 나란히 잡아
2가닥을 만들어서 감습니다.

**3가닥일 경우**

같은 색 실 2가닥에 다른 색 실 1가닥을 나란히 잡아
3가닥을 만들어서 감습니다.

## 10. 털실로 귀 만들기

1 펀칭 매트 위에 귀용 미니 폼폼을
올려놓고, 전체를 니들 펠트용 바
늘로 콕콕 찌릅니다.

2 지정한 너비가 되도록 실을 정돈
하면서, 좌우 옆면에서도 바늘로
콕콕 찔러 뭉칩니다.

3 찌르는 작업이 끝난 모습. 같은
방법으로 2개를 만듭니다.

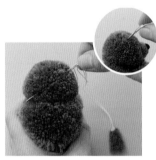

4 매듭실 2가닥을 돗바늘에 꿰어
귀 연결 위치에서 반대쪽(목 연결
부분 근처)으로 찔러 넣습니다.

5 그 상태로 바늘을 빼냅니다.

6 다른 쪽 귀도 좌우대칭이 되게 연
결합니다.

7 뒤쪽 중심에서 순서대로 매듭을 묶고(단순매듭 정방향→단순매듭 역방향),
매듭에 접착제를 발라서 남은 실을 잘라냅니다.

8 완성 사진을 참고해 다듬어 줍니
다.

털실로 만든 귀를 달았습니다.

## 11. 폼폼 3개 연결하기

**1** 가운데 끼울 폼폼은 폼폼 메이커에서 떼어낸 납작한 모양 그대로, 매듭에 접착제를 바르고 남은 매듭실을 잘라냅니다.

**2** 아래쪽 폼폼의 매듭실 2가닥을 돗바늘에 꿰어 1의 중심을 통과합니다.

**3** 위쪽 폼폼의 매듭실과 2의 매듭실을 3번 감아 잡아당겨 묶어서, 62쪽과 같은 방법으로 연결합니다.

폼폼 3개가 연결되었습니다.

## 12. 긴 꼬리 달기

**1** 꼬리용 롱 폼폼에서 나온 테크노로트 중 1줄을 돗바늘에 꿴 다음, 연결 위치보다 조금 오른쪽에 바늘을 찔러 넣습니다.

**2** 1의 반대쪽으로 바늘을 빼냅니다.

**3** 나머지 테크노로트 1줄은 연결 위치보다 조금 왼쪽에 바늘을 찔러 넣어 같은 방법으로 빼냅니다.

**4** 순서대로 매듭을 묶고(단순매듭 정방향→단순매듭 역방향), 매듭에 접착제를 발라서 남은 테크노로트를 잘라냅니다.

긴 꼬리를 단 모습입니다.

## 13. 세 줄 땋기로 꼬리 달기

**1** 돗바늘에 꼬리용 실 3가닥을 꿰어, 몸통 중심에 있는 매듭실을 떠 줍니다.

**2** 양쪽 길이를 맞춥니다. 꼬리용 실을 연결한 모습.

**3** 실을 2가닥씩 잡고 지정한 길이까지 세 줄 땋기 합니다. 몸통을 마스킹테이프로 고정하면 작업이 쉽습니다.

**4** 마지막에 한 번 묶어서 매듭을 만듭니다. 세 줄 땋기로 만든 꼬리가 완성되었습니다.

# 곰

→8쪽

→8쪽

## 도구 사이즈

폼폼 메이커 : 45mm,
　　　　　　 55mm
미니 폼폼 카드 : B
롱 폼폼 카드 : F, G
머즐 스케일 : 대

## 재료

머리 : iroiro(●10), 매듭실 … 40cm×1줄
몸통 : iroiro(●10), 매듭실 … 40cm×1줄
귀 : iroiro(●10), 매듭실 … 30cm×2줄
꼬리 : iroiro(●10), 매듭실 … 30cm×1줄
앞다리 : iroiro(●10), 테크노로트 … 45cm×2줄
뒷다리 : iroiro(●10), 테크노로트 … 45cm×2줄
눈 : 솔리드 아이(블랙, 4mm) … 2개
코 : 퍼프 울(블랙) … 소량
입 : 퍼프 울(블랙) … 소량
*실의 사용량 기준 : iroiro(●10) …21g

## 실 감기 도안, 실을 다 감은 상태

머리 *2가닥

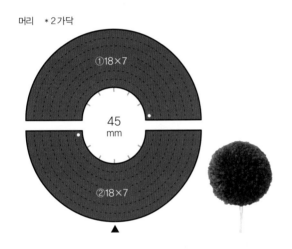

①18×7
②18×7
45 mm

귀 2개 *1가닥

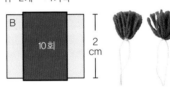

B
10회
2 cm

꼬리 *1가닥

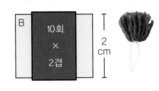

B
10회
×
2겹
2 cm

몸통 *2가닥

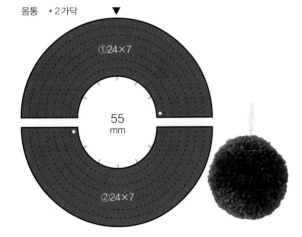

①24×7
②24×7
55 mm

앞다리 2개 *2가닥

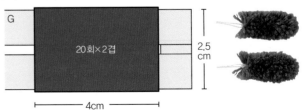

F
20회×2겹
2 cm
4cm

뒷다리 2개 *2가닥

G
20회×2겹
2.5 cm
4cm

1  옆 페이지의 실 감기 도안을 참고해 폼폼을 만든다.
   [머리, 몸통] 기본 폼폼 ⇒57쪽
   [귀, 꼬리] 미니 폼폼 ⇒60쪽
   [앞다리, 뒷다리] 롱 폼폼 ⇒60쪽

연결 후

2  머리와 몸통 폼폼을 연결한다. ⇒62쪽

3  머즐 스케일(대)의 구멍을 대어 점선 부분의
   실을 송곳으로 세우고, 니들 펠트용 바늘로 콕
   콕 찔러 뭉쳐서 머즐을 만든다. ⇒63쪽

4  머즐 주변의 실을 커트해서 모난 부분을 둥그스름하게 다듬는다. 완성
   사진을 참고해 여러 각도에서 확인하며 커트한다. ⇒63쪽

5  코용 양모를 가장자리에서 1~2cm 정도 남기고 니들 펠트용 바늘로 콕
   콕 찔러 둥글게 뭉친 후, 머즐 끝에 콕콕 찔러 연결한다. ⇒64쪽

6  양쪽 눈의 위치를 확인하고 한쪽씩 접착제를 발라서 끼워 넣는다.
   ⇒64쪽

7  입용 양모를 끈 모양으로 살짝 뭉친다. 코밑~입 라인과 입을 니들 펠
   트용 바늘로 콕콕 찔러 연결한다. ⇒64쪽

8  귀용 미니 폼폼을 너비 1.3cm 정도가 되도록 니들 펠트용 바늘로 콕콕
   찔러 뭉친 후, 돗바늘을 이용해 머리에 달아서 모양을 잡는다. ⇒70쪽

9  앞다리, 뒷다리용 롱 폼폼은 돗바늘을 이용해 몸통에 단다. 이때 왼쪽
   다리는 돗바늘을 ⓐ 쪽으로 빼내고 오른쪽 다리는 ⓑ 쪽으로 빼낸다.
   ⇒65쪽

10 꼬리용 미니 폼폼의 연결 부분(약 1cm)을 니들 펠트용 바늘로 살짝 찔
   러 뭉치고, 돗바늘을 사용해서 몸통에 단다. ⇒66쪽

11 전체의 균형을 확인하면서 커트해 모양을 다듬는다. ⇒66쪽

10cm

9.5cm

정면

ⓑ  ⓐ

뒤

옆

위

73

# 북극곰

→9쪽

폼폼 메이커 : 45mm,
                    55mm
미니 폼폼 카드 : B
롱 폼폼 카드 : F, G
머즐 스케일 : 대

재료

머리 : iroiro (○1) (●49), 매듭실…40cm×1줄
몸통 : iroiro (○1), 매듭실…40cm×1줄
귀 : iroiro (○1), 매듭실…30cm×2줄
꼬리 : iroiro (○1), 매듭실…30cm×1줄
앞다리 : iroiro (○1), 테크노로트…45cm×2줄
뒷다리 : iroiro (○1), 테크노로트…45cm×2줄
눈 : 솔리드 아이 (블랙, 4mm)…2개
코 : 퍼프 울 (블랙)…소량
입 : 퍼프 울 (블랙)…소량

*실의 사용량 기준: iroiro (○1)…21g, (●49)…1g

## 실 감기 도안, 실을 다 감은 상태

머리 *2가닥

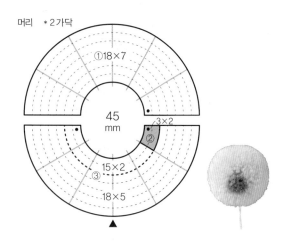

①18×7

45
mm

③3×2
②
15×2
③
18×5

귀 2개 *1가닥

| B | 10회 | 2 cm |

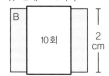

꼬리 *1가닥

| B | 10회 × 2겹 | 2 cm |

몸통 *2가닥

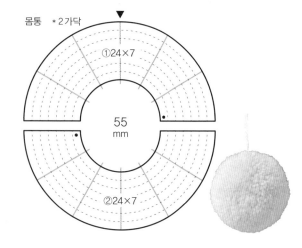

①24×7

55
mm

②24×7

앞다리 2개 *2가닥

| F | 20회×2겹 | 2 cm |

4cm

뒷다리 2개 *2가닥

| G | 20회×2겹 | 2.5 cm |

4cm

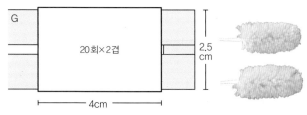

1 옆 페이지의 실 감기 도안을 참고해 폼폼을 만든다.
  [머리, 몸통] 기본 폼폼 ⇒57쪽
  [귀, 꼬리] 미니 폼폼 ⇒60쪽
  [앞다리, 뒷다리] 롱 폼폼 ⇒60쪽

2 머리와 몸통 폼폼을 연결한다. ⇒62쪽

3 머즐 스케일(대)의 구멍을 대어 점선 부분의
  실을 송곳으로 세우고, 니들 펠트용 바늘로 콕
  콕 찔러 뭉쳐서 머즐을 만든다. ⇒63쪽

4 머즐 주변의 실을 커트해 모난 부분을 둥그스름하게 만든다. 완성 사진
  을 참고해 여러 각도에서 확인하며 커트한다. ⇒63쪽

5 코용 양모를 가장자리에서 1~2㎝ 남기고 니들 펠트용 바늘로 콕콕 찔
  러 둥글게 뭉친 후, 머즐 끝에 콕콕 찔러 연결한다. ⇒64쪽

6 양쪽 눈의 위치를 확인하고 한쪽씩 접착제를 발라서 끼워 넣는다.
  ⇒64쪽

7 입용 양모를 끈 모양으로 살짝 뭉쳐서 코밑~입 라인과 입을 니들 펠트
  용 바늘로 콕콕 찔러 연결한다. ⇒64쪽

8 귀용 미니 폼폼을 너비 1.3㎝ 정도가 되도록 니들 펠트용 바늘로 콕콕
  찔러 뭉친 후, 돗바늘을 이용해 머리에 달아서 모양을 잡는다. ⇒70쪽

9 앞다리, 뒷다리용 롱 폼폼은 돗바늘을 이용해 몸통에 단다. 이때 왼쪽
  다리는 돗바늘을 ⓐ 쪽으로 빼내고 오른쪽 다리는 ⓑ 쪽으로 빼낸다.
  ⇒65쪽

10 꼬리용 미니 폼폼의 연결 부분(약 1㎝)을 니들 펠트용 바늘로 살짝 찔
   러 뭉치고, 돗바늘을 이용해 몸통에 단다. ⇒66쪽

11 전체 균형을 확인하면서 커트해 모양을 다듬는다. ⇒66쪽

연결 후

완성

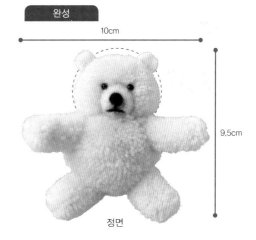

정면

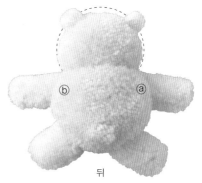

뒤

옆

위

# 말레이곰

→10쪽

→10쪽

## 도구 사이즈

폼폼 메이커 : 45mm,
　　　　　　　55mm
롱 폼폼 카드 : E, G
머즐 스케일 : 대

## 재료

머리　 : iroiro (●5) (●47), 매듭실…40cm×1줄
몸통　 : iroiro (●5) (●47), 매듭실…40cm×1줄
앞다리 : iroiro (●47), 테크노로트…45cm×2줄
뒷다리 : iroiro (●47), 테크노로트…45cm×2줄
눈　　 : 크리스털 아이 (브라운, 4.5mm)…2개
코　　 : 퍼프 울 (블랙)…소량
입　　 : 퍼프 울 (블랙)…소량
귀　　 : 미니200 (790)…3cm×2cm

*실의 사용량 기준 : iroiro (●5)…2g, (●47)…20g

## 실 감기 도안, 실을 다 감은 상태

머리 　*2가닥

18×2
② 13×5
①5×5
3×3
③
15×3
④
18×4

45
mm

▲

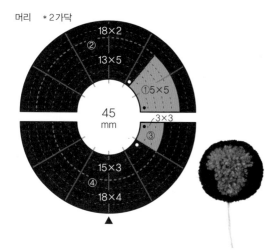

앞다리　2개 　*2가닥

E

20회
×
2겹

5cm

1.5
cm

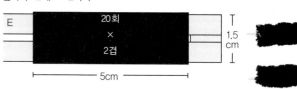

뒷다리　2개 　*2가닥

G

20회
×
2겹

4cm

2.5
cm

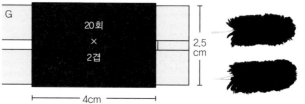

몸통 　*2가닥

①24×7
②4×5
20×5
③
24×2

55
mm

▲

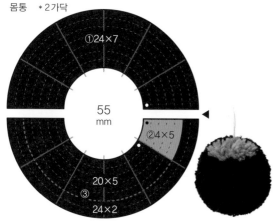

## 사전 준비

• 귀(패턴 8)는 2개 만든다
　⇒56쪽

⇒56쪽

**만드는 방법**

연결 후

1 옆 페이지의 실 감기 도안을 참조해 폼폼을 만든다.
[머리, 몸통] 기본 폼폼 ⇒57쪽
[앞다리, 뒷다리] 롱 폼폼 ⇒60쪽

2 머리와 몸통 폼폼을 연결한다. ⇒62쪽

3 머즐 스케일(대)의 구멍을 대어 점선 부분의
실을 송곳으로 세우고, 니들 펠트용 바늘로 콕
콕 찔러 뭉쳐서 머즐을 만든다. ⇒63쪽

4 머즐 주변의 실을 커트해서 모난 부분을 둥그스름하게 만든다. 완성 사
진을 참고해 여러 각도에서 확인하며 커트한다. ⇒63쪽

5 코용 양모를 가장자리에서 1~2㎝ 정도 남기고 니들 펠트용 바늘로 콕
콕 찔러 둥글게 뭉친 후, 머즐 끝에 콕콕 찔러 연결한다. ⇒64쪽

6 양쪽 눈의 위치를 확인하고 한쪽씩 접착제를 발라서 끼워 넣는다.
⇒64쪽

7 입용 양모를 끈 모양으로 살짝 뭉쳐서 코밑~입 라인과 입을 니들 펠트
용 바늘로 콕콕 찔러 연결한다. ⇒64쪽

8 펠트로 만든 귀에 접착제를 발라서 머리에 끼워 넣는다. ⇒65쪽

9 앞다리, 뒷다리용 롱 폼폼은 돗바늘을 사용해서 몸통에 단다. 이때 왼
쪽 다리는 돗바늘을 ⓐ 쪽으로 빼내고 오른쪽 다리는 ⓑ 쪽으로 빼낸
다. ⇒65쪽

10 전체 균형을 확인하며 커트해서 모양을 다듬는다. ⇒66쪽

**완성**

10.5cm

9.5cm

정면

뒤

옆

위

# 나무늘보

→12쪽

## 도구 사이즈

폼폼 메이커 : 45mm,
           55mm
롱 폼폼 카드 : E, F
머즐 스케일 : 중

## 재료

머리 : iroiro (○1) (●9) (●10) (●11),
       매듭실…40cm×1줄
몸통 : iroiro (●9), 매듭실…40cm×1줄
앞다리 : iroiro (●9), 테크노로트…50cm×2줄
뒷다리 : iroiro (●9), 테크노로트…45cm×2줄
눈   : 솔리드 아이 (블랙, 4mm)…2개
코   : 퍼프 울 (블랙)…소량
입   : 퍼프 울 (블랙)…소량
발톱 : 미니200 (213)…3cm×3cm

*실의 사용량 기준 : iroiro (○1) (●10) (●11)…각1g, (●9)…18g

## 실 감기 도안, 실을 다 감은 상태

머리   *①~⑨는 1가닥, ⑩은 2가닥

1가닥으로
감기

2가닥으로
감기

⑨20
⑤
5×4
⑥
4×5
⑧12
④15×6
③
⑦12×4
②
①
①4×2
②8×2
③9×2
45 mm
⑩18×7

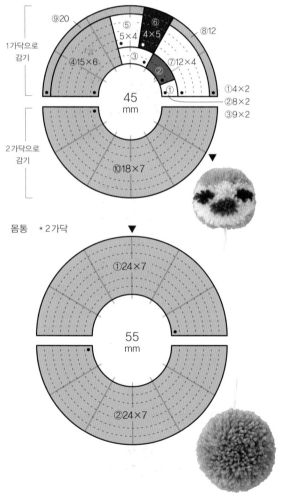

몸통   *2가닥

①24×7
55 mm
②24×7

앞다리 2개   *2가닥

E
24회
×
2겹
1.5 cm
6cm

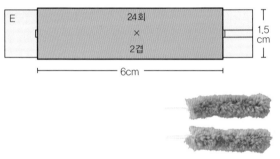

뒷다리 2개   *2가닥

F
20회
×
2겹
2 cm
4cm

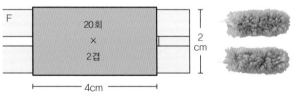

## 사전 준비

• 발톱(패턴 19)을 4장 자른
  다. ⇒56쪽

1 옆 페이지의 실 감기 도안을 참조해 폼폼을 만
든다. 머리 폼폼의 ①~⑨는 실 1가닥으로 감
는다. 앞다리, 뒷다리용 롱 폼폼의 끝은 니들
펠트용 바늘로 찌르지 말고 갈라진 상태 그대
로 둔다.
[머리, 몸통] 기본 폼폼 ⇒57쪽
[앞다리, 뒷다리] 롱 폼폼 ⇒60쪽

2 머리와 몸통 폼폼을 연결한다. ⇒62쪽

3 머즐 스케일(중)의 구멍을 대어 점선 부분의
실을 송곳으로 세우고, 니들 펠트용 바늘로 콕
콕 찔러 뭉쳐서 머즐을 만든다. ⇒63쪽

4 머즐 주변의 실을 커트해서 모난 부분을 둥그스름하게 만든다. 완성 사
진을 참고해 여러 각도에서 확인하며 커트한다. ⇒63쪽

5 코용 양모를 가장자리에서 1~2cm 정도 남기고 니들 펠트용 바늘로 콕
콕 찔러 둥글게 뭉친 후, 머즐 끝에 콕콕 찔러 연결한다. ⇒64쪽

6 양쪽 눈의 위치를 확인하고 한쪽씩 접착제를 발라서 끼워 넣는다.
⇒64쪽

7 입용 양모를 끈 모양으로 살짝 뭉쳐서, 니들 펠트용 바늘로 콕콕 찔러
연결한다. ⇒64쪽

8 앞다리, 뒷다리용 롱 폼폼은 돗바늘을 사용해서 몸통에 단다. 이때 왼
쪽 다리는 돗바늘을 ⓐ 쪽으로 빼내고 오른쪽 다리는 ⓑ 쪽으로 빼낸
다. ⇒65쪽

9 펠트로 만든 발톱에 접착제를 발라 앞다리와 뒷다리 끝에 끼워 넣고 클
립에 끼워서 말린다.

10 전체 균형을 확인하며 커트해서 모양을 다듬는다. ⇒66쪽

연결 후

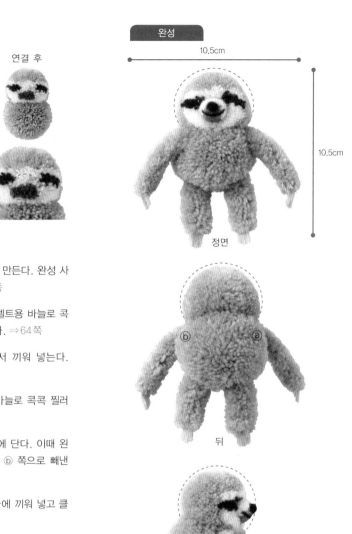

10.5cm

10.5cm

정면

ⓑ   ⓐ

뒤

옆

위

79

# 오랑우탄

→13쪽

→13쪽

| 도구 사이즈 | |
|---|---|
| 폼폼 메이커 | : 45mm, 55mm |
| 롱 폼폼 카드 | : E |
| 머즐 스케일 | : 대 |

| 재료 | |
|---|---|
| 머리 | : iroiro (●3) (●8) (●10), 매듭실…40cm×1줄 |
| 몸통 | : iroiro (●8), 매듭실…40cm×1줄 |
| 앞다리 | : iroiro (●8), 테크노로트…50cm×2줄 |
| 뒷다리 | : iroiro (●8), 테크노로트…45cm×2줄 |
| 눈 | : 크리스털 아이 (브라운, 4.5mm)…2개 |
| 눈 토대 | : 미니200 (213)…2cm×1.5cm |
| 코 | : 퍼프 울 (블랙)…소량 |
| 입 | : 퍼프 울 (블랙)…소량 |
| 발가락 | : 미니200 (229)…3cm×3cm |

*실의 사용량 기준 : iroiro (●3)…1g, (●8)…15g, (●10)…3g

## 실 감기 도안, 실을 다 감은 상태

머리  *2가닥

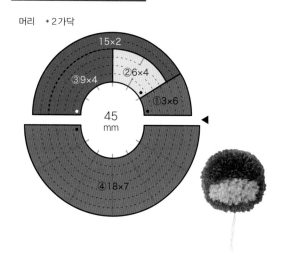

앞다리  2개  *2가닥

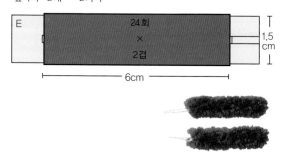

뒷다리  2개  *2가닥

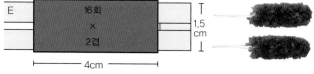

몸통  *2가닥

## 사전 준비

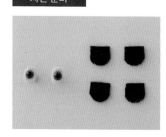

- 눈은 2개 만든다(인형 눈의 위아래에 2mm 정도, 좌우로 1mm 정도 여백을 준다). ⇒67쪽

- 발가락(패턴 20)을 4장 자른다. ⇒56쪽

1 옆 페이지의 실 감기 도안을 참조해서 폼폼을
   만든다. 앞다리, 뒷다리용 롱 폼폼의 끝은 니들
   펠트용 바늘로 찌르지 말고 갈라진 상태 그대
   로 둔다.
   [머리, 몸통] 기본 폼폼 ⇒57쪽
   [앞다리, 뒷다리] 롱 폼폼 ⇒60쪽

2 머리와 몸통 폼폼을 연결한다. ⇒62쪽

연결 후

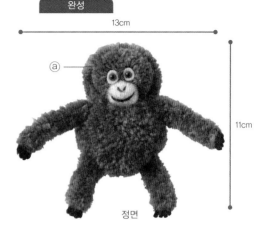

3 머즐 스케일(대)의 구멍을 대어 점선 부분의
   실을 송곳으로 세우고, 니들 펠트용 바늘로 콕
   콕 찔러 뭉쳐서 머즐을 만든다. ⇒63쪽

4 머즐 주변의 실을 커트해서 모난 부분을 둥그스름하게 만든다. 완성 사
   진을 참고해 여러 각도에서 확인하며 커트한다. 머리 앞쪽 절반과 뒤쪽
   절반의 경계선 ⓐ는 높낮이 차를 만들듯이 샴 고양이 색상(●10)의 실
   을 커트한다.⇒63쪽

5 양쪽 눈의 위치를 확인하고 한쪽씩 접착제를 발라서 끼워 넣는다.
   ⇒64쪽

6 코, 입용 양모를 끈 모양으로 살짝 뭉쳐서, 코와 입을 니들 펠트용 바
   늘로 콕콕 찔러 연결한다. ⇒64쪽

7 앞다리, 뒷다리용 롱 폼폼은 돗바늘을 사용해서 몸통에 단다. 이때 왼
   쪽 다리는 돗바늘을 ⓑ 쪽으로 빼내고 오른쪽 다리는 ⓒ 쪽으로 빼낸
   다. ⇒65쪽

8 펠트로 만든 발가락에 접착제를 발라 앞다리와 뒷다리 끝에 끼워 넣고
   클립에 끼워서 말린다. ⇒79쪽

9 전체 균형을 확인하며 커트해서 모양을 다듬는다. ⇒66쪽

13cm

ⓐ

11cm

정면

ⓒ          ⓑ

뒤

옆

위

# 코알라

→14쪽

폼폼 메이커 : 45mm,
　　　　　　　 55mm
미니 폼폼 카드 : C
롱 폼폼 카드 : E, F

재료

| | |
|---|---|
| 머리 | : iroiro (○1) (●49), 매듭실…40cm×1줄 |
| 몸통 | : iroiro (○1) (●49), 매듭실…40cm×1줄 |
| 귀 | : iroiro (○1) (●49), 매듭실…30cm×2줄 |
| 앞다리 | : iroiro (●49), 테크노로트…45cm×2줄 |
| 뒷다리 | : iroiro (●49), 테크노로트…45cm×2줄 |
| 코 | : 컬러 솜방울 (검정, 10mm)…1개 |
| 눈 | : 솔리드 아이 (블랙, 4mm)…2개 |
| 아이라인 | : 미니200 (701)…1cm×0.5cm |

*실의 사용량 기준 : iroiro (○1)…3g, (●49)…18g

---

## 실 감기 도안, 실을 다 감은 상태

머리　＊2가닥

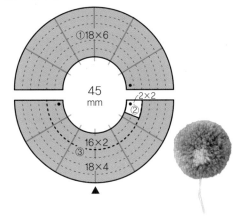

①18×6
2×2
②
45 mm
16×2
③
18×4

귀 2개　＊1가닥

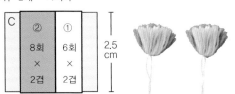

| C | ② | ① | |
|---|---|---|---|
| | 8회 × 2겹 | 6회 × 2겹 | 2.5 cm |

앞다리 2개　＊2가닥

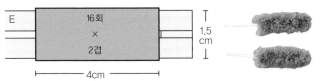

| E | 16회 × 2겹 | 1.5 cm |
|---|---|---|

4cm

뒷다리 2개　＊2가닥

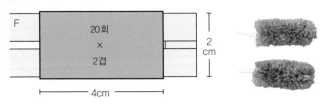

| F | 20회 × 2겹 | 2 cm |
|---|---|---|

4cm

몸통　＊2가닥

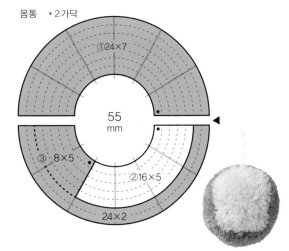

①24×7
55 mm
③ 8×5
②16×5
24×2

사전 준비

• 아이라인(패턴 2)을 2장
　자른다. ⇒56쪽

1 옆 페이지의 실 감기 도안을 참조해 폼폼을 만든다.

[머리, 몸통] 기본 폼폼 ⇒57쪽

[귀] 미니 폼폼 ⇒60쪽

[앞다리, 뒷다리] 롱 폼폼 ⇒60쪽

연결 후

2 머리와 몸통 폼폼을 연결한다. ⇒62쪽

3 완성 사진을 참고해 여러 각도에서 확인하며 실을 커트한다. ⇒63쪽

4 코용 컬러 솜방울을 세로 방향으로 조금 길쭉해지게 손끝으로 뭉치고, 접착제를 발라서 머리에 붙인다.

5 양쪽 눈의 위치를 확인하고 한쪽씩 접착제를 발라서 끼워 넣는다. ⇒64쪽

펠트로 만든 아이라인에 접착제를 발라서 눈 위에 끼워 넣는다.

6 귀용 미니 폼폼을 펀칭매트 위에 올려놓고, 그레이 색상(● 49)의 실 가운데에 오프화이트 색상(○1)의 실이 오게 가지런히 놓는다. 연결 부분(약 1cm)을 니들 펠트용 바늘로 살짝 찔러 뭉치고, 돗바늘을 사용해서 머리에 단다. ⇒70쪽

7 앞다리, 뒷다리용 롱 폼폼은 돗바늘을 사용해서 몸통에 단다. 이때 왼쪽 다리는 돗바늘을 ⓐ 쪽으로 빼내고 오른쪽 다리는 ⓑ 쪽으로 빼낸다. ⇒65쪽

8 전체 균형을 확인하며 커트해서 모양을 다듬는다. ⇒66쪽

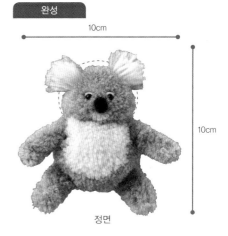

10cm

10cm

정면

뒤

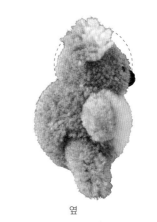

옆

위

83

# 수달

→16쪽

**도구 사이즈**

폼폼 메이커 : 35mm,
                        45mm
미니 폼폼 카드 : A
롱 폼폼 카드 : E

**재료**

머리     : iroiro (○1) (●10), 매듭실…40cm×1줄
몸통1   : iroiro (○1) (●10), 매듭실…40cm×1줄
몸통2   : iroiro (●10), 매듭실…40cm×1줄
귀       : iroiro (●10), 매듭실…30cm×2줄
꼬리     : iroiro (●10), 테크노로트…45cm×1줄
눈       : 솔리드 아이 (블랙, 4mm)…2개
아이라인 : 미니200 (235)…0.6cm×0.3cm
코       : 미니200 (229)…0.5cm×0.5cm
발가락   : 미니200 (235)…4cm×2cm

*실의 사용량 기준 : iroiro (○1)…3g, (●10)…11g

**실 감기 도안, 실을 다 감은 상태**

머리   *2가닥

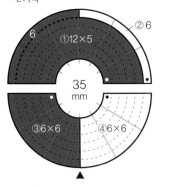

②6
6
①12×5
35 mm
③6×6   ④6×6
▲

귀  2개  *1가닥

A   5회   ⊤ 1.5 cm ⊥

몸통1   *2가닥

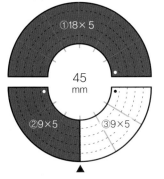

①18×5
45 mm
②9×5   ③9×5
▲

꼬리   *2가닥

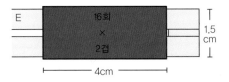

E   16회 × 2겹   ⊤ 1.5 cm ⊥
├─ 4cm ─┤

몸통2   *2가닥

▼

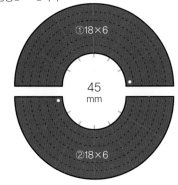

①18×6
45 mm
②18×6

**사전 준비**

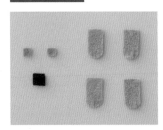

• 아이라인(패턴 1)을 2장
  자른다. ⇒56쪽
• 코(패턴 2)를 1장 자른다.
  ⇒56쪽
• 발가락(패턴 21)을 4장 자
  른다. ⇒56쪽

1 옆 페이지의 실 감기 도안을 참조해 폼폼을 만든다.
  몸통1의 폼폼은 폼폼 메이커에서 떼어낸 상태에서
  살짝 모양을 잡고 매듭실을 잘라낸다.
  [머리, 몸통1, 몸통2] 기본 폼폼 ⇒57쪽, 71쪽
  [귀] 미니 폼폼 ⇒60쪽
  [꼬리] 롱 폼폼 ⇒60쪽

연결 후

2 머리, 몸통1, 몸통2의 폼폼을 연결한다. ⇒71쪽

3 완성 사진을 참고해 여러 각도에서 확인하며 실을 커트한다. 배 부분
  ⓐ와 뒷다리 사이 ⓑ는 짧게 커트해서 앞다리와 뒷다리의 모양을 만든
  다. ⇒63쪽, 69쪽

4 펠트로 만든 코에 접착제를 발라서 머리에 끼워 넣는다.

5 양쪽 눈의 위치를 확인하고 한쪽씩 접착제를 발라서 끼워 넣는다.
  ⇒64쪽
  펠트로 만든 아이라인에 접착제를 발라서 눈 위에 끼워 넣는다.

6 귀용 미니 폼폼을 너비 7㎜ 정도가 되도록 니들 펠트용 바늘로 콕콕 찔
  러 뭉친 후, 돗바늘을 이용해 머리에 달아서 모양을 잡는다. ⇒70쪽

7 꼬리용 롱 폼폼은 돗바늘을 이용해 몸통 2에 단다. ⇒71쪽

8 펠트로 만든 발가락에 접착제를 발라서 다리 끝에 끼워 넣는다.

9 전체 균형을 확인하며 커트해서 모양을 다듬는다. ⇒66쪽

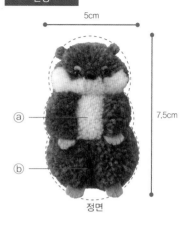

5cm

7.5cm

ⓐ

ⓑ

정면

뒤

옆

위

# 북방족제비

→17쪽

**도구 사이즈**

폼폼 메이커 : 35mm,
             45mm

롱 폼폼 카드 : E

**재료**

| | |
|---|---|
| 머리 | : iroiro (○1), 매듭실…40cm×1줄 |
| 몸통1 | : iroiro (○1), 매듭실…40cm×1줄 |
| 몸통2 | : iroiro (○1), 매듭실…40cm×1줄 |
| 꼬리 | : iroiro (○1) (●11), 테크노로트…45cm×1줄 |
| 눈 | : 솔리드 아이 (블랙, 4mm)…2개 |
| 코 | : 미니200 (229)…0.5cm×0.5cm |
| 귀 안쪽 | : 미니 200 (301)…5cm×2cm |
| 귀 바깥쪽 | : 미니200 (701)…5cm×2cm |
| 발가락 | : 미니200 (301)…4cm×2cm |

*실의 사용량 기준 : iroiro (○1)…14g, (●11)…1g

**실 감기 도안, 실을 다 감은 상태**

머리　*2가닥

①12×6

②12×6

35 mm

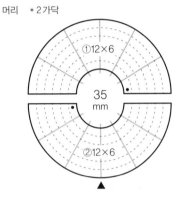

꼬리　*2가닥

| E | ②<br>12회<br>×<br>2겹 | ①<br>4회<br>×<br>2겹 | 1.5 cm |
|---|---|---|---|

├── 3cm ──┤├ 1cm ┤

몸통1　*2가닥

①18×5

②18×5

45 mm

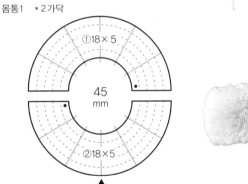

몸통2　*2가닥

①18×6

②18×6

45 mm

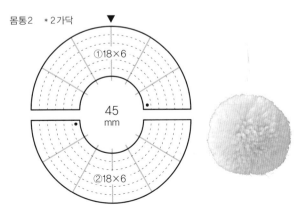

**사전 준비**

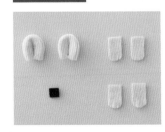

• 2가지 색 귀(패턴 9)를 2개
만든다. ⇒56쪽, 67쪽

• 코(패턴 2)를 1장 자른다.
⇒56쪽

• 발가락(패턴 21)을 4장 자
른다. ⇒56쪽

1 옆 페이지의 실 감기 도안을 참조해 폼폼을 만든다.
   몸통1의 폼폼은 폼폼 메이커에서 떼어낸 상태에서
   살짝 모양을 잡고 매듭실을 잘라낸다.
   [머리, 몸통1, 몸통2] 기본 폼폼 ⇒57쪽, 71쪽
   [꼬리] 롱 폼폼 ⇒60쪽

2 머리, 몸통1, 몸통2의 폼폼을 연결한다. ⇒71쪽

3 완성 사진을 참고해 여러 각도에서 확인하며 실을 커트한다. 배 부분
   ⓐ와 뒷다리 사이 ⓑ는 짧게 커트해서 앞다리와 뒷다리의 모양을 만든
   다. ⇒63쪽, 69쪽

4 펠트로 만든 코에 접착제를 발라서 머리에 끼워 넣는다.

5 양쪽 눈의 위치를 확인하고 한쪽씩 접착제를 발라서 끼워 넣는다.
   ⇒64쪽

6 펠트로 만든 귀에 접착제를 발라서 머리에 끼워 넣는다. ⇒65쪽

7 꼬리용 롱 폼폼은 돗바늘을 사용해서 몸통2에 단다. ⇒71쪽

8 펠트로 만든 발가락에 접착제를 발라서 다리 끝에 끼워 넣는다.

9 전체 균형을 확인하며 커트해서 모양을 다듬는다. ⇒66쪽

연결 후

완성

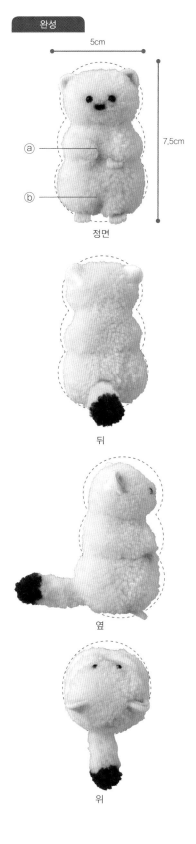

5cm

7.5cm

ⓐ

ⓑ

정면

뒤

옆

위

# 청솔모

| 도구 사이즈 | |
|---|---|
| 폼폼 메이커 | : 35mm, 55mm |
| 미니 폼폼 카드 | : B |
| 롱 폼폼 카드 | : H |

| 재료 | |
|---|---|
| 머리 | : iroiro (○1)(●6), 매듭실…40cm×1줄 |
| 몸통 | : iroiro (○1)(●6), 매듭실…40cm×1줄 |
| 귀 | : iroiro (●10), 매듭실…30cm×2줄 |
| 꼬리 | : iroiro (●6)(●10), 테크노로트…55cm×1줄 |
| 눈 | : 솔리드 아이 (블랙, 4mm)…2개 |
| 코 | : 미니200 (229)…0.5cm×0.5cm |
| 발가락1 | : 미니200 (225)…2cm×2cm |
| 발가락2 | : 미니200 (225)…2.5cm×2.5cm |

*실의 사용량 기준 : iroiro (○1)…2g, (●6)…13g, (●10)…2g

## 실 감기 도안, 실을 다 감은 상태

머리 ＊2가닥

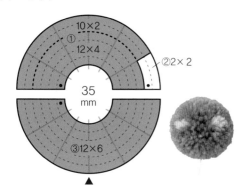

10×2
①
12×4
②2×2
35
mm
③12×6

귀 2개 ＊1가닥

B
5회
2
cm

꼬리 ＊2가닥

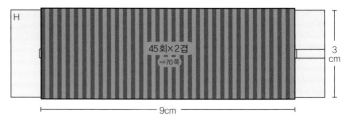

H
45회×2겹
⇒70쪽
3
cm
9cm

몸통 ＊2가닥

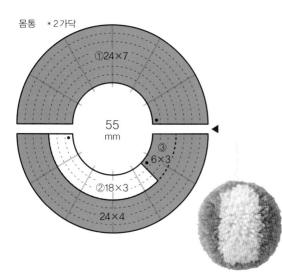

①24×7
55
mm
③
6×3
②18×3
24×4

### 사전 준비

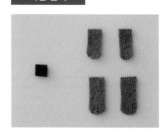

- 코(패턴 2)를 1장 자른다.
  ⇒56쪽
- 발가락1(패턴 22), 발가락2(패턴 23)를 각 2장씩 자른다. ⇒56쪽

1 옆 페이지의 실 감기 도안을 참조해 폼폼을 만든다.
   [머리, 몸통] 기본 폼폼 ⇒57쪽
   [귀] 미니 폼폼 ⇒60쪽
   [꼬리] 롱 폼폼 ⇒60쪽, 70쪽

연결 후

2 머리와 몸통 폼폼을 연결한다. ⇒62쪽

3 완성 사진을 참고해 여러 각도에서 확인하며 실을 커트한다. 배의 하얀
   부분을 평평하게 커트한 후, 뒷다리 사이 ⓐ와 양쪽 겨드랑이 ⓑ에 움
   푹 들어간 부분을 만들어서 앞다리와 뒷다리의 모양을 만든다. ⇒63
   쪽, 69쪽

4 펠트로 만든 코에 접착제를 발라서 머리에 끼워 넣는다.

5 양쪽 눈의 위치를 확인하고 한쪽씩 접착제를 발라서 끼워 넣는다.
   ⇒64쪽

6 귀용 미니 폼폼의 연결 부분(약 1㎝ 길이)을 너비 8㎜ 정도가 되도록
   니들 펠트용 바늘로 콕콕 찔러 뭉친 후, 돗바늘을 이용해 머리에 달아
   서 모양을 잡는다. ⇒70쪽

7 펠트로 만든 발가락1, 2에 접착제를 발라서 발가락1은 앞다리 끝, 발
   가락2는 뒷다리 끝에 끼워 넣는다.

8 꼬리용 롱 폼폼은 돗바늘을 이용해 몸통에 단다. ⇒71쪽

9 전체의 균형을 확인하며 커트해서 모양을 다듬는다. ⇒66쪽

5.5cm

7.5cm

ⓐ

정면

뒤

ⓑ

옆

위

# 얼룩다람쥐

→18쪽

| 도구 사이즈 | |
| --- | --- |
| 폼폼 메이커 | : 35mm, 55mm |
| 롱 폼폼 카드 | : G |

| 재료 | |
| --- | --- |
| 머리 | : iroiro (○1) (●5) (●10), 매듭실…40cm×1줄 |
| 몸통 | : iroiro (○1) (●5) (●10), 매듭실…40cm×1줄 |
| 꼬리 | : iroiro (●10), 테크노로트…55cm×1줄 |
| 눈 | : 솔리드 아이 (블랙, 4.5mm)…2개 |
| 아이라인 | : 미니200 (229)…1cm×0.5cm |
| 코 | : 미니200 (229)…0.5cm×0.5cm |
| 귀 | : 미니200 (219)…3cm×2cm |
| 발가락1 | : 미니200 (221)…2cm×2cm |
| 발가락2 | : 미니200 (221)…2.5cm×2.5cm |

*실의 사용량 기준 : iroiro (○1)…6g, (●5)…5g, (●10)…5g

## 실 감기 도안, 실을 다 감은 상태

머리 *2가닥

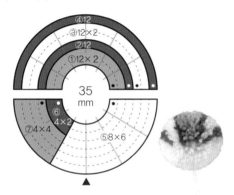

- ④12
- ③12×2
- ②12
- ①12×2
- ⑥
- ④2
- ⑦4×4
- ⑤8×6
- 35 mm

꼬리 *2가닥

G

32회×2겹

8cm

2.5 cm

몸통 *2가닥

- ⑥24
- ⑤24
- ④24×2
- ③24
- ②24
- ①24 ⇒70쪽
- ⑧6×5
- ⑦18×5
- 55 mm
- 24×2

| 사전 준비 | |
| --- | --- |

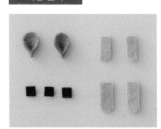

- 귀(패턴 8)를 2개 만든다. ⇒56쪽
- 아이라인과 코(패턴 2)를 총 3장 자른다. ⇒56쪽
- 발가락 1(패턴 22)과 발가락 2(패턴 23)를 각 2장씩 자른다. ⇒56쪽

1 옆 페이지의 실 감기 도안을 참고해 폼폼을 만든다.
  [머리, 몸통] 기본 폼폼 ⇒57쪽, 70쪽
  [꼬리] 롱 폼폼 ⇒60쪽

연결 후

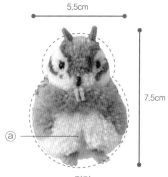

2 머리와 몸통 폼폼을 연결한다. ⇒62쪽

3 완성 사진을 참고해 여러 각도에서 확인하며 실을 커트한다. 배의 하얀
  부분을 평평하게 커트한 후 뒷다리 사이 ⓐ와 양쪽 겨드랑이 ⓑ에 움푹
  들어간 부분을 만들어서 앞다리와 뒷다리의 모양을 만든다. ⇒63쪽,
  69쪽

4 펠트로 만든 코에 접착제를 발라서 머리에 끼워 넣는다.

5 양쪽 눈의 위치를 확인하고 한쪽씩 접착제를 발라서 끼워 넣는다.
  ⇒64쪽
  펠트로 만든 아이라인에 접착제를 발라서 눈꼬리에 끼워 넣는다.

6 펠트로 만든 귀에 접착제를 발라서 머리에 끼워 넣는다. ⇒65쪽

7 펠트로 만든 발가락 1, 2에 접착제를 발라서 발가락 1은 앞다리 끝, 발
  가락 2는 뒷다리 끝에 끼워 넣는다.

8 꼬리용 롱 폼폼은 돗바늘을 사용해서 몸통에 단다. ⇒71쪽

9 전체의 균형을 확인해가며 커트해서 모양을 다듬는다. ⇒66쪽

5.5cm

7.5cm

ⓐ

정면

뒤

ⓑ

옆

위

# 여우

→20쪽

→20쪽

## 도구 사이즈

폼폼 메이커 : 45mm,
　　　　　　　55mm
롱 폼폼 카드 : G
머즐 스케일 : 중

## 재료

머리　　　: iroiro (○1)(●34), 매듭실…40cm×1줄
몸통　　　: iroiro (○1)(●34), 매듭실…40cm×1줄
꼬리　　　: iroiro (●5)(●34), 테크노로트…55cm×1줄
눈　　　　: 크리스털 아이 (골드, 4.5mm)…2개
코　　　　: 퍼프 울 (블랙)…소량
입　　　　: 퍼프 울 (블랙)…소량
귀 안쪽　: 미니200 (701)…5cm×2.5cm
귀 바깥쪽: 미니200 (334)…5cm×2.5cm
앞다리　　: 미니200 (334)…7cm×3cm

*실의 사용량 기준 : iroiro (○1)…5g, (●5)…2g, (●34)…12g

## 실 감기 도안, 실을 다 감은 상태

머리　＊2가닥

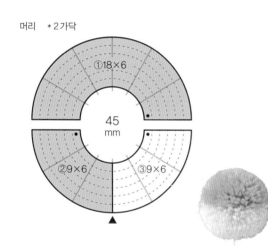

①18×6

45
mm

②9×6　　③9×6

▲

꼬리　＊2가닥

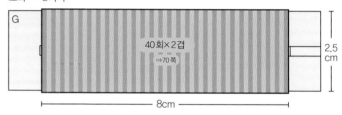

G

40회×2겹
⇒70쪽

8cm

2.5
cm

몸통　＊2가닥

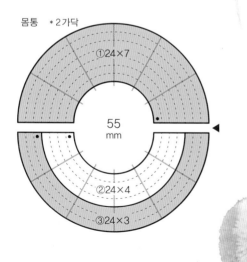

①24×7

55
mm

②24×4

③24×3

## 사전 준비

• 2가지 색 귀(패턴 10)를 2
　개 만든다. ⇒56쪽, 67쪽
• 원통 모양의 다리(패턴 4)
　를 2개 만든다. ⇒69쪽

1 옆 페이지의 실 감기 도안을 참고해 폼폼을 만
든다.
[머리, 몸통] 기본 폼폼 ⇒57쪽
[꼬리] 롱 폼폼 ⇒60쪽, 70쪽

2 머리와 몸통 폼폼을 연결한다.⇒62쪽

3 머즐 스케일(중)의 구멍을 대어 점선 부분의
실을 송곳으로 세우고, 니들 펠트용 바늘로 콕
콕 찔러 뭉쳐서 머즐을 만든다. ⇒63쪽

4 머즐 주변의 실을 커트해서 모난 부분을 둥그스름하게 다듬고, 완성 사
진을 참고해 여러 각도에서 확인하며 커트한다. ⇒63쪽

5 코용 양모를 가장자리에서 1~2㎝ 정도 남기고 니들 펠트용 바늘로 콕
콕 찔러 둥글게 뭉친 후, 머즐 끝에 콕콕 찔러 연결한다. ⇒64쪽

6 양쪽 눈의 위치를 확인하고 한쪽씩 접착제를 발라서 끼워 넣는다.
⇒64쪽

7 입용 양모를 끈 모양으로 살짝 뭉쳐서 코밑~입 라인과 입을 니들 펠트
용 바늘로 콕콕 찔러 연결한다. ⇒64쪽

8 펠트로 만든 귀에 접착제를 발라서 머리에 끼워 넣는다. ⇒65쪽

9 꼬리용 롱 폼폼은 돗바늘을 사용해서 몸통에 단다. ⇒71쪽

10 펠트로 만든 앞다리에 접착제를 발라서 몸통에 끼워 넣는다.

11 유성펜을 사용해서 귀와 앞다리의 끝부분에 색칠해준다.

12 전체 균형을 확인하면서 커트해서 모양을 다듬는다. ⇒66쪽

연결 후

완성

5.5cm

7.5cm

정면

뒤

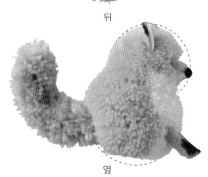

옆

위

# 레서판다

→ 21쪽

## 실 감기 도안, 실을 다 감은 상태

머리 * 2가닥

귀 2개 * 1가닥

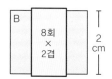

앞다리 2개 * 2가닥

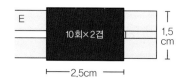

몸통 * 2가닥

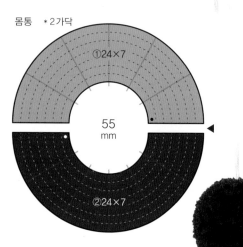

꼬리 * 2가닥

94

## 만드는 방법

1 옆 페이지의 실 감기 도안을 참고해 폼폼을 만
든다.
[머리, 몸통] 기본 폼폼 ⇒57쪽
[귀] 미니 폼폼 ⇒60쪽
[앞다리, 꼬리] 롱 폼폼 ⇒60쪽

2 머리와 몸통 폼폼을 연결한다. ⇒62쪽

3 머즐 스케일(중)의 구멍을 대어 점선 부분의
실을 송곳으로 세우고, 니들 펠트용 바늘로 콕
콕 찔러 뭉쳐서 머즐을 만든다. ⇒63쪽

4 머즐 주변의 실을 커트해 모난 부분을 둥그스름하게 만든다. 완성 사진
을 참고해 여러 각도에서 확인하며 커트한다. ⇒63쪽

5 코용 양모를 가장자리에서 1~2㎝ 정도 남기고 니들 펠트용 바늘로 콕
콕 찔러 둥글게 뭉친 후, 머즐 끝에 콕콕 찔러 연결한다. ⇒64쪽

6 양쪽 눈의 위치를 확인하고 한쪽씩 접착제를 발라서 끼워 넣는다.
⇒64쪽

7 입용 양모를 끈 모양으로 살짝 뭉쳐서 코밑~입 라인과 입을 니들 펠트
용 바늘로 콕콕 찔러 연결한다.⇒64쪽

8 귀용 미니 폼폼을 너비 2㎝ 정도가 되도록 니들 펠트용 바늘로 콕콕
찔러 뭉친 후, 돗바늘을 이용해 머리에 달아서 모양을 잡는다. ⇒70쪽

9 앞다리용 롱 폼폼은 돗바늘을 이용해 몸통에 단다. 이때 왼쪽 다리는
돗바늘을 ⓐ 쪽으로 빼내고 오른쪽 다리는 ⓑ 쪽으로 빼낸다. ⇒65쪽

10 꼬리용 롱 폼폼은 돗바늘을 이용해 몸통에 단다. ⇒71쪽

11 전체 균형을 확인하며 커트해서 모양을 다듬는다. ⇒66쪽

연결 후

## 완성

5.5cm

7.5cm

정면

ⓑ ⓐ

뒤

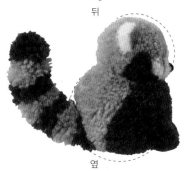

옆

위

# 개

→22쪽

### 도구 사이즈

폼폼 메이커 : 55mm
롱 폼폼 카드 : E
머즐 스케일 : 특대

### 재료

머리 : iroiro (○1) (●5), 매듭실…40cm×1줄
몸통 : iroiro (○1) (●5) (●47), 매듭실…40cm×1줄
앞다리 : iroiro (○1), 테크노로트…45cm×2줄
꼬리 : iroiro (○1) (●5), 테크노로트…45cm×1줄
눈 : 크리스털 아이 (브라운, 4.5mm)…2개
눈 토대 : 미니200 (701)…2cm×1cm
코 : 퍼프 울 (블랙)…소량
입 : 퍼프 울 (블랙)…소량
귀 : 미니200 (219)…7cm×5cm

*실의 사용량 기준 : iroiro (○1)…4g, (●5)…11g, (●47)…5g

## 실 감기 도안, 실을 다 감은 상태

머리 　＊2가닥

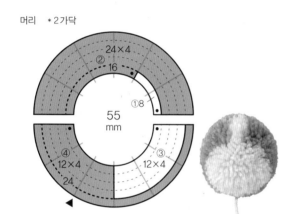

앞다리　2개　＊2가닥

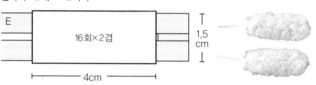

E

16회×2겹

4cm

1.5
cm

꼬리　＊2가닥

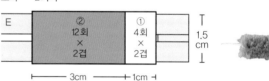

E

② 12회 × 2겹

① 4회 × 2겹

3cm ── 1cm

1.5
cm

몸통　＊2가닥

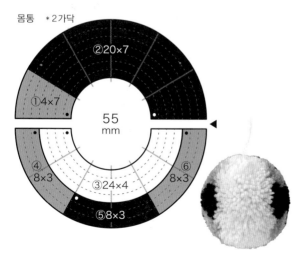

②20×7
①4×7
55 mm
④ 8×3
③24×4
⑥ 8×3
⑤8×3

### 사전 준비

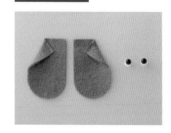

• 귀(패턴 17)를 2개 만든다.
자른 펠트의 지정한 위치
에 접착제를 발라 점선에
서 접은 후 클립에 끼워서
말린다. ⇒56쪽

• 눈을 2개 만든다(인형 눈
둘레에 1mm, 눈밑만 2mm
정도 여백을 준다).

⇒67쪽

## 만드는 방법

1 옆 페이지의 실 감기 도안을 참고해 폼폼을 만든다.
[머리,몸통] 기본 폼폼 ⇒57쪽
[앞다리, 꼬리] 롱 폼폼 ⇒60쪽

2 머리와 몸통 폼폼을 연결한다. ⇒62쪽

3 머즐 스케일(특대)의 구멍을 대어 점선 부분의 실을 송곳으로 세우고, 니들 펠트용 바늘로 콕콕 찔러 뭉쳐서 머즐을 만든다. ⇒63쪽

4 머즐 주위의 실을 커트해서 모난 부분을 둥그스름하게 만든다. 완성 사진을 참고해 여러 각도에서 확인하며 커트한다. ⇒63쪽

5 코용 양모를 가장자리에서 1~2cm 정도 남기고 니들 펠트용 바늘로 콕콕 찔러 둥글게 뭉친 후, 머즐 끝에 콕콕 찔러 연결한다. ⇒64쪽

6 양쪽 눈의 위치를 확인하고 한쪽씩 접착제를 발라서 끼워 넣는다. ⇒64쪽

7 입용 양모를 끈 모양으로 살짝 뭉쳐서 코밑~입 라인과 입을 니들 펠트용 바늘로 콕콕 찔러 연결한다. ⇒64쪽

8 펠트로 만든 귀를 연결 부분에서 8mm 정도 위치에서 접어 손가락으로 꼭 눌러 주고, 사선 부분에 접착제를 발라 머리에 끼워 넣는다.

9 앞다리용 롱 폼폼은 돗바늘을 이용해 몸통에 단다. 이때 왼쪽 다리는 돗바늘을 ⓐ 쪽으로 빼내고 오른쪽 다리는 ⓑ 쪽으로 빼낸다. ⇒65쪽

10 꼬리용 롱 폼폼을 양 손바닥 사이에 끼워서 두께 13mm 정도가 될 때까지 굴린다. 돗바늘을 이용해 몸통에 단다. ⇒71쪽

11 전체 균형을 확인하며 커트해서 모양을 다듬는다. ⇒66쪽

연결 후

완성

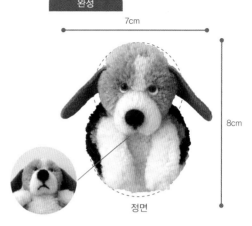

정면

뒤

옆

위

# 고양이

→23쪽

→23쪽

## 도구 사이즈

폼폼 메이커 : 45mm,
           55mm

롱 폼폼 카드 : E

머즐 스케일 : 소

## 재료

| | |
|---|---|
| 머리 | : iroiro (○1) (● 3) (● 5), 매듭실…40cm×1줄 |
| 몸통 | : iroiro (○1) (● 3) (● 5), 매듭실…40cm×1줄 |
| 꼬리 | : iroiro (● 3) (● 5), 테크노로트…45cm×1줄 |
| 눈 | : 크리스털 아이 (골드, 6mm)…2개 |
| 코 | : 퍼프 울 (프레시 핑크)…소량 |
| 혀 | : 미니200 (105)…1cm×1cm |
| 귀 안쪽 | : 미니200 (701)…5cm×2cm |
| 귀 바깥쪽 | : 미니200 (213)…5cm×2cm |
| 앞발 | : 컬러 솜방울 (흰색, 15mm)…2개 |
| 수염 | : 낚싯줄 (2호)…20cm×3줄 |

*실의 사용량 기준 : iroiro (○1)…1g, (● 3)…13g, (● 5)…4g

## 실 감기 도안, 실을 다 감은 상태

머리  *2가닥

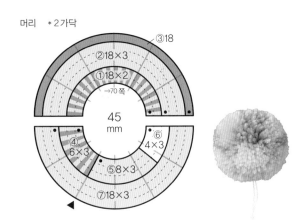

③18
②18×3
①18×2
⇒70쪽

45
mm

④
6×3

⑥
4×3

⑤8×3

⑦18×3

꼬리  *2가닥

| E | ⑤ 4회 × 2겹 | ④ 4회 × 2겹 | ③ 4회 × 2겹 | ② 4회 × 2겹 | ① 4회 × 2겹 | |
|---|---|---|---|---|---|---|

├1cm┼1cm┼1cm┼1cm┼1cm┤

1.5 cm

몸통  *2가닥

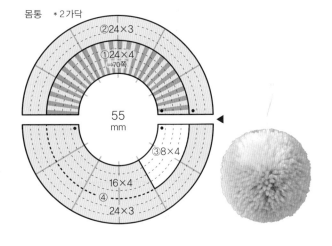

②24×3
①24×4
⇒70쪽

55
mm

③8×4

16×4

④
24×3

## 사전 준비

- 2가지 색 귀(패턴 11)를 2개 만든다. ⇒56쪽, 67쪽
- 혀(패턴 25)를 1장 자른다. ⇒56쪽
- 앞발용 컬러 솜방울 2개를 접착제로 붙인다.
- 수염을 만든다. ⇒67쪽

## 만드는 방법

연결 후

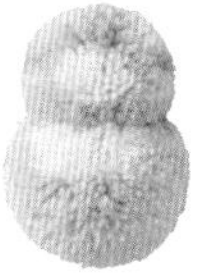

1 옆 페이지의 실 감기 도안을 참고해 폼폼을 만든다.
[머리, 몸통] 기본 폼폼 ⇒57쪽, 70쪽
[꼬리] 롱 폼폼 ⇒60쪽

2 머리와 몸통 폼폼을 연결한다. ⇒62쪽

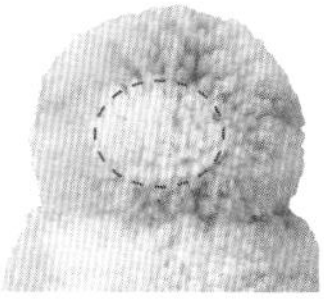

3 머즐 스케일(소)의 구멍을 대어 점선 부분의 실을 송곳으로 세우고, 니들 펠트용 바늘로 콕콕 찔러 뭉쳐서 머즐을 만든다 .⇒63쪽

4 머즐 주변의 실을 커트해 모난 부분을 둥그스름하게 만든다. 완성 사진을 참고해 여러 각도에서 확인하며 커트한다. 몸통 정면 쪽은 평평하게 커트하고, 양쪽 겨드랑이와 다리 사이는 움푹 들어가게 커트해 앞다리 모양 ⓐ를 만든다. ⇒63쪽, 69쪽

5 코용 양모를 가장자리에서 1~2㎝ 정도 남기고 니들 펠트용 바늘로 콕콕 찔러 둥글게 뭉친 후, 머즐 끝에 콕콕 찔러 연결한다. ⇒64쪽

6 양쪽 눈의 위치를 확인하고 한쪽씩 접착제를 발라서 끼워 넣는다. ⇒64쪽

7 코밑 ⓑ를 ∧ 모양으로 커트해서 움푹 들어가게 만든다. 펠트로 만든 혀에 접착제를 발라서 움푹 들어간 부분에 끼워 넣는다.

8 펠트로 만든 귀에 접착제를 발라서 머리에 끼워 넣는다. ⇒65쪽

9 앞다리 아랫부분 ⓒ의 실을 자르고 컬러 솜방울 뒷면에 접착제를 발라서 붙인다.

10 꼬리용 롱 폼폼은 돗바늘을 이용해 몸통에 단다. ⇒71쪽

11 수염용 낚싯줄 3줄을 돗바늘에 꿰어서 머즐에 찔러 넣는다. 매듭에 접착제를 조금 바르고 낚싯줄을 잡아당겨서 매듭이 안 보이면 원하는 길이로 잘라 준다.

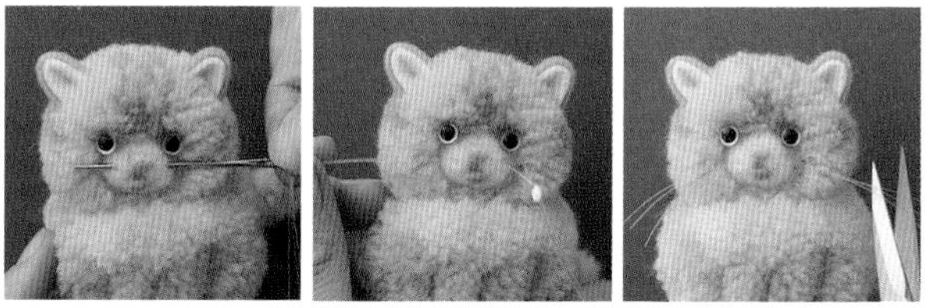

12 전체 균형을 확인하며 커트해서 모양을 다듬는다. ⇒66쪽

## 완성

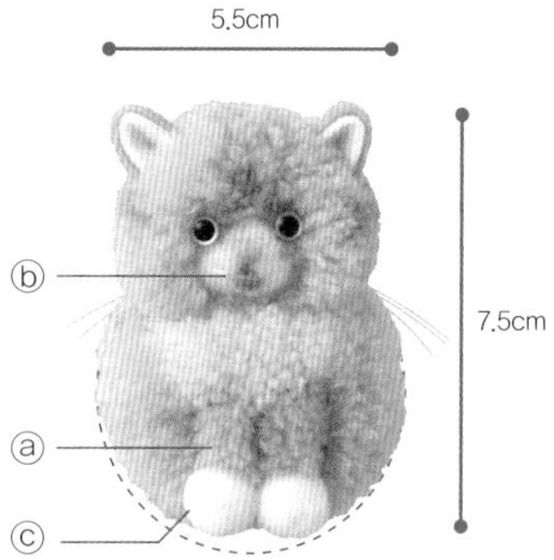


정면

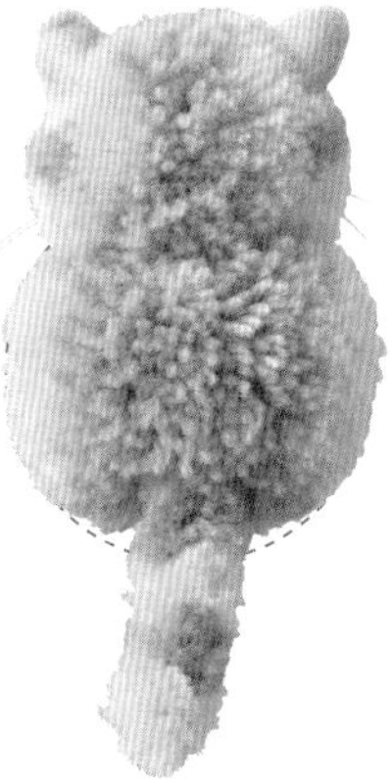

뒤

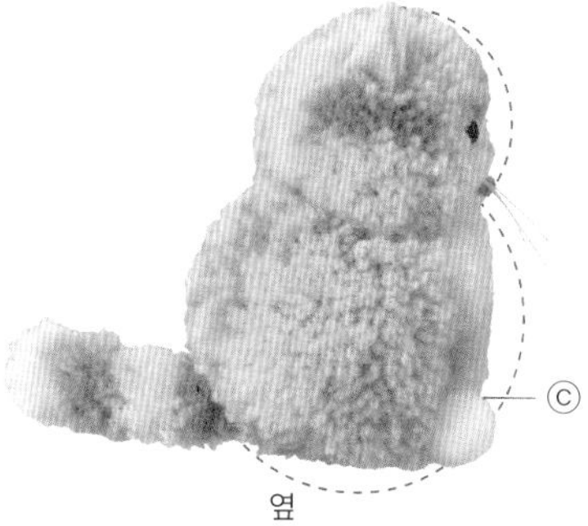


옆

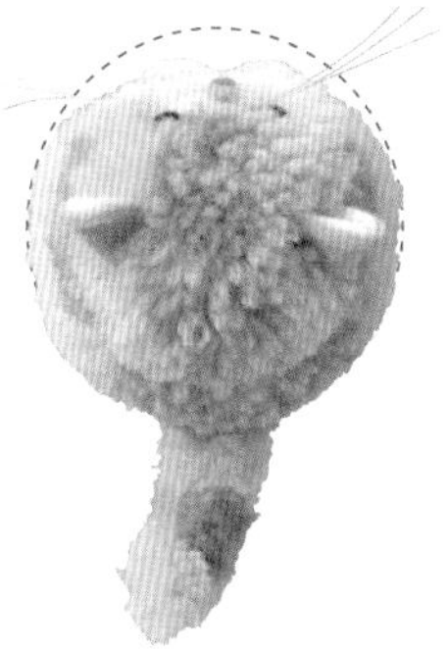

위

# 토끼

→24쪽

| 도구 사이즈 | |
|---|---|
| 폼폼 메이커 | : 35mm, 55mm |
| 미니 폼폼 카드 | : B |

| 재료 | |
|---|---|
| 머리 | : 양털에 가까운 메리노울 (○1)(●8), 매듭실…40cm×1줄 |
| 몸통 | : 양털에 가까운 메리노울 (○1)(●8), 매듭실…40cm×1줄 |
| 꼬리 | : 양털에 가까운 메리노울 (●8), 매듭실…30cm×1줄 |
| 눈 | : 크리스털 아이 (브라운, 6mm)…2개 |
| 코 | : 미니200 (229)…1cm×0.5cm |
| 귀 안쪽 | : 미니200 (301)…5cm×5cm |
| 귀 바깥쪽 | : 미니200 (MB)…5cm×5cm |

*실의 사용량 기준 : 양털에 가까운 메리노울 (○1)…4g, (●8)…7g

## 실 감기 도안, 실을 다 감은 상태

머리　＊2가닥

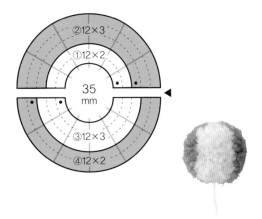

②12×3
①12×2
③12×3
④12×2
35 mm

꼬리　＊1가닥

B

10회 × 3겹

2 cm

몸통　＊2가닥

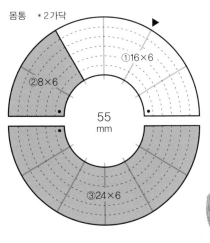

①16×6
②8×6
③24×6
55 mm

## 사전 준비

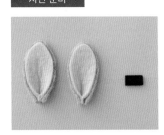

- 2가지 색 귀(패턴 18)를 2개 만든다. ⇒56쪽, 67쪽
- 코(패턴 3)를 1장 자른다. ⇒56쪽

연결 후

1 옆 페이지의 실 감기 도안을 참고해 폼폼을 만든다.
  [머리. 몸통] 기본 폼폼 ⇒57쪽
  [꼬리] 미니 폼폼 ⇒60쪽

2 머리와 몸통 폼폼을 연결한다. ⇒62쪽

3 완성 사진을 참고해 여러 각도에서 확인하며 실을 커트한다. 앞다리 사이 ⓐ와 양쪽 겨드랑이 ⓑ를 커트해서 앞다리 모양을 만든다.
  ⇒63쪽, 69쪽

4 양쪽 눈의 위치를 확인하고 한쪽씩 접착제를 발라서 끼워 넣는다.
  ⇒64쪽

5 펠트로 만든 귀에 접착제를 발라서 머리에 끼워 넣는다. ⇒65쪽

6 펠트로 만든 코를 ∨자로 구부리고 접착제를 발라서 머리에 끼워 넣는다.

7 꼬리용 미니 폼폼의 연결 부분(약 1㎝)을 니들 펠트용 바늘로 살짝 찔러 뭉치고, 돗바늘을 이용해 몸통에 단다. ⇒66쪽

8 전체 균형을 확인하며 커트해 모양을 다듬는다. ⇒66쪽

완성

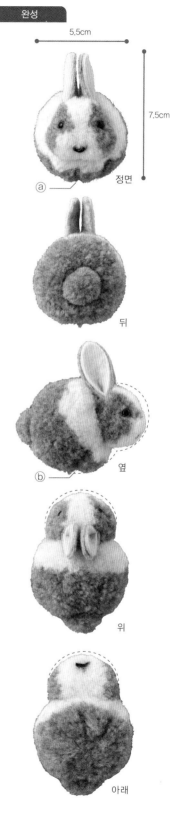

5.5cm

7.5cm

ⓐ

정면

뒤

ⓑ

옆

위

아래

101

# 홍학 (플라밍고)

→26쪽

| 도구 사이즈 | |
|---|---|
| 폼폼 메이커 | : 55mm |
| 롱 폼폼 카드 | : G |
| 미니 폼폼 카드 | : D |

| 재료 | |
|---|---|
| 머리 | : iroiro (● 41), 테크노로트…60cm×1줄 |
| 몸통 | : iroiro (● 41), 매듭실…40cm×1줄 |
| 꽁지깃 | : iroiro (● 41), 매듭실…30cm×1줄 |
| 눈 | : 솔리드 아이 (블랙, 3.5mm)…2개 |
| 부리 | : 미니200 (301)…3.5cm×3.5cm |
| 다리 | : 미니200 (105)…9cm×6cm, 테크노로트L…6cm×2줄 |

＊실의 사용량 기준 : iroiro (● 41)…16g

## 실 감기 도안, 실을 다 감은 상태

머리 ＊2가닥

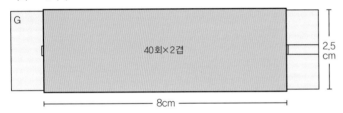

G
40회×2겹
2.5 cm
8cm

몸통 ＊2가닥

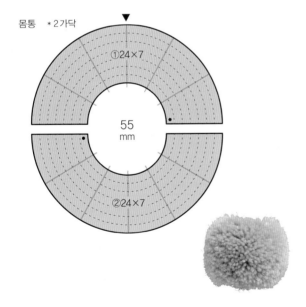

①24×7
55 mm
②24×7

꽁지깃 ＊2가닥

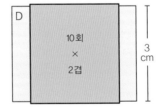

D
10회
×
2겹
3 cm

## 사전 준비

- 부리(패턴 36)를 만든다. ⇒56쪽
- 패턴 40의 A 2장, B 4장을 다리용 펠트에 베껴 그리고, 잘라서 새 다리 2개를 만든다. ⇒68쪽

1 옆 페이지의 실 감기 도안을 참고해 폼폼을 만든다. 몸통 폼폼은 폼폼
  메이커에서 떼어낸 상태에서 살짝 모양을 잡고 매듭실을 잘라낸다.
  [머리] 롱 폼폼 ⇒60쪽
  [몸통] 기본 폼폼 ⇒57쪽
  [꽁지깃] 미니 폼폼 ⇒60쪽

2 머리용 롱 폼폼에서 나온 테크노로트 2줄 중 1줄을 돗바늘에 꿰어 몸
  통 폼폼의 중심을 통과시킨다. 나머지 1줄도 같은 방법으로 반대쪽에서
  몸통 폼폼의 중심을 통과시킨다. 머리 반대쪽에서 테크노로트 2줄을
  순서대로(단순매듭 정방향 → 단순매듭 역방향) 묶고 매듭에 접착제를
  발라 남은 테크노로트를 잘라낸다.

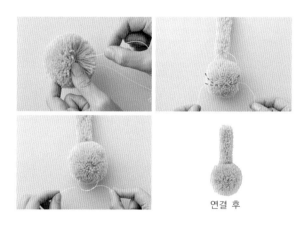

연결 후

3 목이 되는 부분을 가늘게 커트한다. 완성 사진을 참고해 여러 각도에서
  확인하며 실을 커트한다.

4 양쪽 눈의 위치를 확인하고 한쪽씩 접착제를 발라서 끼워 넣는다.
  ⇒64쪽

5 펠트로 만든 부리에 접착제를 발라서 머리에 끼워 넣는다.

6 꽁지깃용 미니 폼폼의 연결 부분(약 1㎝)을 니들 펠트용 바늘로 살짝
  찔러 뭉치고, 돗바늘을 이용해 몸통에 단다. ⇒66쪽

7 펠트로 만든 다리에 접착제를 발라서 몸통에 끼워 넣는다.

8 유성펜으로 부리 끝 부분을 칠해 준다. ⇒93쪽

9 전체 균형을 확인하며 커트해서 모양을 다듬는다.

5.5cm

11.5cm

정면

뒤

옆

위

아래

# 넓적부리황새(슈빌)

→27쪽

## 실 감기 도안, 실을 다 감은 상태

머리　＊2가닥

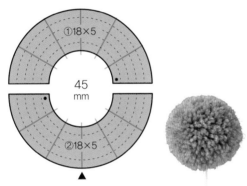

①18×5
45 mm
②18×5
▲

몸통　＊2가닥

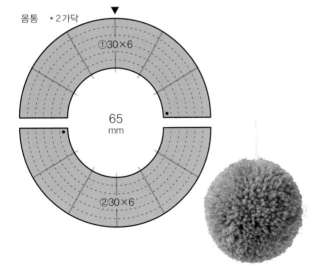

▼
①30×6
65 mm
②30×6

부리　＊2가닥

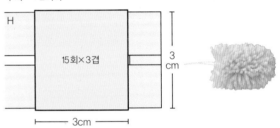

H
15회×3겹
3cm
3 cm

꽁지깃　＊2가닥

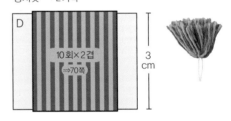

D
10회×2겹
⇒70쪽
3 cm

## 사전 준비

• 패턴 41의 A 2장, B 4장을
다리용 펠트에 베껴 그리
고, 잘라서 새 다리 2개를
만든다. ⇒68쪽

1 옆 페이지의 실 감기 도안을 참고해 폼폼을 만든다.
   [머리, 몸통] 기본 폼폼 ⇒57쪽
   [부리] 롱 폼폼 ⇒60쪽
   [꽁지깃] 미니 폼폼 ⇒60쪽, 70쪽

연결 후

2 머리와 몸통 폼폼을 연결한다. ⇒62쪽

3 완성 사진을 참고해 여러 각도에서 확인하며 실을 커트한다. ⇒63쪽

4 p.71의 [12. 긴 꼬리 달기]와 같은 방법으로, 부리용 롱 폼폼에서 나온 테크노로트 중 1줄을 돗바늘에 꿰어 부리 연결 위치의 오른쪽에 찔러 넣어 반대쪽(머리 뒤)으로 빼낸다. 남은 1줄은 연결 위치의 왼쪽에서 같은 방법으로 빼낸 후 순서대로(단순매듭 정방향→단순매듭 역방향) 묶고, 매듭에 접착제를 발라서 남은 테크노로트를 잘라낸다. 완성 사진을 참고해 실을 커트해 모양을 잡는다.

5 양쪽 눈의 위치를 확인하고 한쪽씩 접착제를 발라서 끼워 넣는다. ⇒64쪽

6 꽁지깃용 미니 폼폼의 연결 부분(약 1㎝)을 니들 펠트용 바늘로 살짝 찔러 뭉치고, 돗바늘을 이용해 몸통에 단다. ⇒66쪽

7 펠트로 만든 다리에 접착제를 발라서 몸통에 끼워 넣는다.

8 정수리의 실 4~5가닥을 손가락으로 잡아당겨 빼낸다. 전체 균형을 확인하며 커트해 모양을 다듬는다.

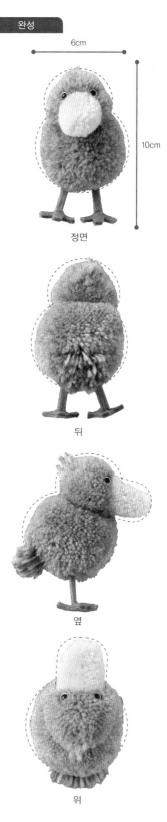

6cm

10cm

정면

뒤

옆

위

# 닭

→30쪽

| 재료 | |
| --- | --- |
| 머리 | : iroiro (○1) (● 37), 매듭실…40cm×1줄 |
| 목 | : iroiro (○1), 매듭실…30cm×1줄 |
| 몸통 | : iroiro (○1), 매듭실…45cm×1줄 |
| 꽁지깃 | : iroiro (○1), 매듭실…30cm×1줄 |
| 눈 | : 크리스털 아이 (골드, 4.5mm)×2개 |
| 부리 | : 미니200 (383)…2cm×2cm |
| 볏 | : 미니200 (113)…2.5cm×2.5cm |
| 고기수염 | : 미니200 (113)…2.5cm×1.5cm |
| 다리 | : 미니200 (383)…11cm×8cm, 테크노로트L…5cm×2줄 |

*실의 사용량 기준 : iroiro (○1)…17g, (● 37)…1g

## 실 감기 도안, 실을 다 감은 상태

머리  *2가닥

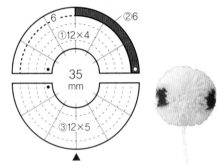

머리 도안: 6, ②6, ①12×4, 35mm, ③12×5

목  *2가닥

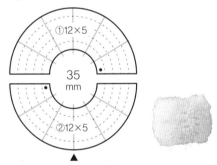

목 도안: ①12×5, 35mm, ②12×5

몸통  *2가닥

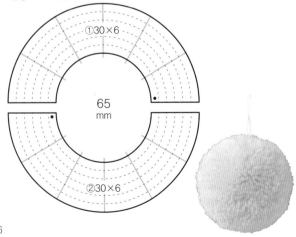

몸통 도안: ①30×6, 65mm, ②30×6

꽁지깃  *2가닥

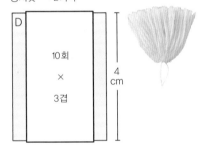

꽁지깃 도안: D, 10회 × 3겹, 4cm

## 사전 준비

- 볏(패턴 37), 고기수염(패턴 38)을 각 1장씩 자른다. ⇒56쪽
- 부리(패턴 31)는 2장 자른다. ⇒56쪽
- 패턴 41의 A 2장, B 4장을 다리용 펠트에 베껴 그리고, 잘라서 새 다리 2개를 만든다. ⇒68쪽

1 옆 페이지의 실 감기 도안을 참고해 폼폼을 만든다. 목
  폼폼은 폼폼 메이커에서 떼어낸 상태에서 살짝 모양을
  잡고 매듭실을 잘라낸다.
  [머리, 목, 몸통] 기본 폼폼 ⇒57쪽, 71쪽
  [꽁지깃] ⇒미니 폼폼 ⇒60쪽

2 머리, 목, 몸통 폼폼을 연결한다. ⇒71쪽

3 완성 사진을 참고해 여러 각도에서 확인하며 실을 커트한다. ⇒63쪽

4 양쪽 눈의 위치를 확인하고 한쪽씩 접착제를 발라서 끼워 넣는다.
  ⇒64쪽

5 펠트로 만든 부리 2장을 겹쳐서 접착제를 발라 머리에 끼워 넣는다.

6 펠트로 만든 볏에 접착제를 발라서 부리 위에 끼워 넣는다. 펠트로 만
  든 고기수염은 점선에서 접고, 접은 선에 접착제를 발라서 부리 밑에
  끼워 넣는다.

7 70쪽의 [10. 털실로 귀 만들기] 1~2와 같은 방법으로, 꽁지깃용 미니
  폼폼의 연결 부분(약 2㎝)을 너비 3㎝ 정도가 되도록 니들 펠트용 바
  늘로 콕콕 찔러 뭉친다. 돗바늘을 이용해 몸통에 단다. ⇒66쪽

8 펠트로 만든 다리에 접착제를 발라서 몸통에 끼워 넣는다.

9 전체 균형을 확인하며 커트해서 모양을 다듬는다. ⇒66쪽

연결 후

6cm

11cm

정면

뒤

옆

위

# 달걀

→30쪽

폼폼 메이커
: 35mm

본체 : iroiro (○1), 매듭실…40cm×1줄
*실의 사용량 기준 : iroiro (○1)…4g

1 실 감기 도안을 참고해 폼폼을 만든다.
  [본체] 기본 폼폼 ⇒57쪽

2 완성 사진을 참고해 전체 균형을 확인하며 커
  트해서 모양을 다듬는다. ⇒66쪽

본체 * 2가닥

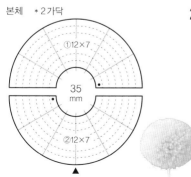

①12×7

35
mm

②12×7

▲

실을 다 감은
상태의 타원
모양을 활용해서
커트한다

4.5cm

3.5cm

아래

107

# 흰올빼미

→28쪽

### 도구 사이즈

폼폼 메이커 : 35mm,
55mm

### 재료

머리　　: iroiro (○1), 매듭실…40cm×1줄
몸통　　: iroiro (○1) (●10), 매듭실…40cm×1줄
눈　　　: 크리스털 아이 (골드, 6mm)…2개
눈 토대 : 미니200 (790)…2cm×1cm
부리　　: 미니200 (790)…1.5cm×1.5cm
다리　　: 모루 (흰색, 6mm)…1줄
*실의 사용량 기준 : iroiro (○1)…12g, (●10)…3g

### 실 감기 도안, 실을 다 감은 상태

머리　*2가닥

①12×6

35
mm

②12×6

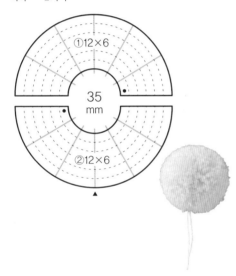

몸통　*①은 2가닥, ②③은 3가닥

(○1) 2가닥
(●10) 1가닥
⇒70쪽

②8×8

①12×8

55
mm

③16×8

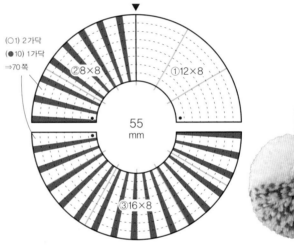

### 사전 준비

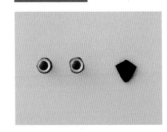

• 눈을 2개 만든다(토대용
　펠트는 인형 눈 가장자리
　에서 잘라낸다). ⇒67쪽
• 부리(패턴 32)를 1장 자른
　다. ⇒56쪽

1 옆 페이지의 실 감기 도안을 참고해 폼폼을 만든다.
  [머리, 몸통] 기본 폼폼 ⇒57쪽, 70쪽

연결 후

2 머리와 몸통 폼폼을 연결한다. ⇒62쪽

3 완성 사진을 참고해 여러 각도에서 확인하며 실을 커트한다. ⇒63쪽

4 양쪽 눈의 위치를 확인하고 한쪽씩 접착제를 발라서 끼워 넣는다.
  ⇒64쪽

5 펠트로 만든 부리를 점선에서 접고 접착제를 발라서 머리에 끼워 넣는다.

6 다리용 모루(털철사)를 반으로 나눠서, 아래와 같이 초크펜으로 표시한다. 표시점 위치에서 지그재그 모양으로 구부리고 발가락 연결 부분은 각각 3회씩, 다리 축 부분은 5회를 꼬아 준다. 같은 방법으로 하나를 더 만든다. 중심축에 접착제를 발라 몸통에 끼워 넣는다.

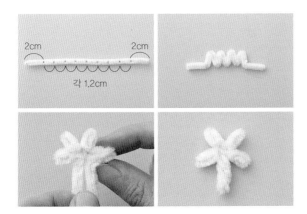

7 전체 균형을 확인하며 커트해 모양을 다듬는다. ⇒66쪽

6cm

7.5cm

정면

뒤

옆

위

下

# 금눈쇠올빼미

→ 29쪽

**도구 사이즈**

폼폼 메이커 : 35mm, 55mm

**재료**

| | |
|---|---|
| 머리 | : iroiro (○1) (◑3) (●11), 매듭실…40cm×1줄 |
| 몸통 | : iroiro (○1) (◑3) (●11), 매듭실…40cm×1줄 |
| 눈 | : 크리스털 아이 (골드, 6mm)…2개 |
| 눈 토대 | : 미니200 (790) …2cm×1cm |
| 부리 | : 미니200 (383) …1.5cm×1.5cm |
| 다리 | : 모루 (베이지, 3mm)…1줄 |

＊ 실의 사용량 기준 : iroiro (○1)…2g, (◑3)…6g, (●11)…6g

**실 감기 도안, 실을 다 감은 상태**

머리　＊2가닥

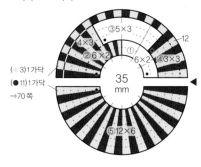

③5×3
④4×3
②6×2
①
⑥6×2
④③3×3
12
35mm
(◑3)1가닥
(●11)1가닥
⇒70쪽
⑤12×6

**사전 준비**

- 눈을 2개 만든다(토대용 펠트는 인형 눈 가장자리에서 잘라낸다).⇒67쪽
- 부리(패턴 32)를 1장 자른다.⇒56쪽

**만드는 방법**

연결 후

1　실 감기 도안을 참고해 폼폼을 만든다.
　[머리, 몸통] 기본 폼폼 ⇒57쪽, 70쪽

2　머리와 몸통 폼폼을 연결한다. ⇒62쪽

3　완성 사진을 참고해 여러 각도에서 확인하며 실을 커트한다. ⇒63쪽

4　양쪽 눈의 위치를 확인하고 한쪽씩 접착제를 발라서 끼워 넣는다. ⇒64쪽

5　펠트로 만든 부리를 점선에서 접고 접착제를 발라서 머리에 끼워 넣는다.

6　모루로 다리를 만들고 접착제를 발라서 몸통에 끼워 넣는다. ⇒109쪽

7　전체 균형을 확인하며 커트해 모양을 다듬는다. ⇒66쪽

몸통　＊①③은 3가닥, ②는 2가닥

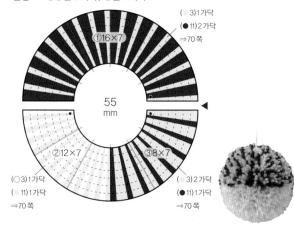

(◑3)1가닥
(●11)2가닥
⇒70쪽
①16×7
55mm
②12×7
③8×7
(○3)1가닥
(●11)1가닥
⇒70쪽
(◑3)2가닥
(●11)1가닥
⇒70쪽

**완성**

5.5cm

7cm

정면

뒤

옆

위

아래

# 펭귄

→32쪽

→32쪽

## 도구 사이즈

폼폼 메이커: 35mm, 65mm

## 재료

| 머리 | : iroiro ( 31) (● 47), 매듭실…40cm×1줄 |
| 몸통 | : iroiro (○1) ( 31) (● 48), 매듭실…45cm×1줄 |
| 눈 | : 솔리드 아이 (블랙, 4mm)…2개 |
| 부리 안쪽 | : 미니200 (383)…1.5cm×2cm |
| 부리 바깥쪽 | : 미니200 (790)…2.5cm×2.5cm |
| 꽁지깃 | : 미니200 (790)…2.5cm×2.5cm |

＊실의 사용량 기준 : iroiro (○1)…8g, ( 31)…1g, (● 47)…3g, (● 48)…8g

## 실 감기 도안, 실을 다 감은 상태

머리 ＊2가닥

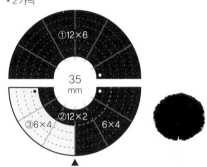

①12×6

35
mm

②12×2

③6×4       6×4

몸통 ＊2가닥

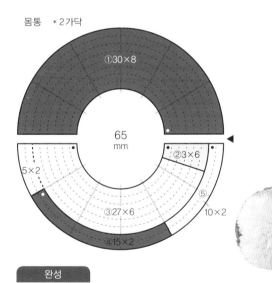

①30×8

65
mm

②3×6

5×2

③27×6

④15×2

⑤

10×2

## 사전 준비

- 부리 안쪽 1장, 부리 바깥쪽 2장(패턴 33)을 자른다. ⇒56쪽
- 꽁지깃(패턴 39)을 1장 자른다.
  ⇒56쪽

## 만드는 방법

연결 후

1  실 감기 도안을 참고해 폼폼을 만든다.
   [머리, 몸통] 기본 폼폼 ⇒57쪽

2  머리와 몸통 폼폼을 연결한다.⇒62쪽

3  완성 사진을 참고해 여러 각도에서 확인하며 실을 커트한다.
   ⇒63쪽

4  양쪽 눈의 위치를 확인하고 한쪽씩 접착제를 발라서 끼워 넣는다. ⇒64쪽

5  펠트로 만든 부리 안쪽의 양면에 접착제를 바르고, 연결 부분을 맞춰서 부리 바깥쪽 사이에 끼운다. 접착제를 발라서 머리에 끼워 넣는다.

6  꽁지깃용 펠트에 접착제를 발라서 몸통에 끼워 넣는다.

7  전체 균형을 확인하며 커트해서 모양을 다듬는다.⇒66쪽

## 완성

5.5cm

8cm

정면          뒤

옆          위

# 바다표범

→33쪽

## 도구 사이즈

| | |
|---|---|
| 폼폼 메이커 | : 35mm, 65mm |
| 미니 폼폼 카드 | : D |
| 머즐 스케일 | : 중 |

## 재료

| | |
|---|---|
| 머리 | : iroiro (○1) (● 49), 매듭실…40cm×1줄 |
| 몸통 | : iroiro (○1), 매듭실…45cm×1줄 |
| 다리 지느러미 | : iroiro (○1), 매듭실…30cm×1줄 |
| 눈 | : 솔리드 아이 (블랙, 4.5mm)…2개 |
| 코 | : 퍼프 울 (블랙)…소량 |
| 입 | : 퍼프 울 (블랙)…소량 |
| 눈썹 | : iroiro (● 49)…15cm×1줄 |

* 실의 사용량 기준 : iroiro (○1)…15g, (● 49)…1g

## 실 감기 도안, 실을 다 감은 상태

머리 * 2가닥

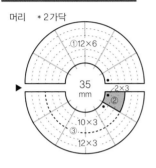

①12×6

35 mm

②×3
②

10×3
③

12×3

몸통 * 2가닥

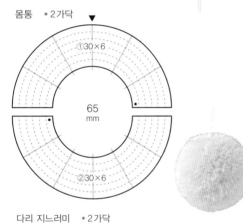

①30×6

65 mm

②30×6

다리 지느러미 * 2가닥

D

10회

3 cm

## 완성

## 만드는 방법

**1** 실 감기 도안을 참고해 폼폼을 만든다.
[머리, 몸통] 기본 폼폼 ⇒57쪽
[다리 지느러미] 미니 폼폼 ⇒60쪽

**2** 머리와 몸통 폼폼을 연결한다. ⇒62쪽

**3** 머즐 스케일(중)의 구멍을 대어 점선 부분의 실을 송곳으로 세우고, 니들 펠트용 바늘로 콕콕 찔러 뭉쳐서 머즐을 만든다. ⇒63쪽

**4** 머즐 주변의 실을 커트해서 모난 부분을 둥그스름하게 만든다. 완성 사진을 참고해 여러 각도에서 확인하며 커트한다. ⇒63쪽

**5** 양쪽 눈의 위치를 확인하고 한쪽씩 접착제를 발라서 끼워 넣는다. ⇒64쪽

**6** 코, 입용 양모를 끈 모양으로 살짝 뭉쳐서 코, 코~입 라인, 입을 니들 펠트용 바늘로 콕콕 찔러 연결한다. ⇒64쪽

**7** 눈썹용 실을 중심에서 한 번 묶어 매듭을 만든다. 한쪽 실을 돗바늘에 꿰고 목 뒤(머리와 몸통 연결 부분)에 찔러 넣어서 눈 위로 빼낸다. 반대쪽도 같은 방법으로 바늘을 통과시키고 남은 실은 잘라낸다.

연결 후

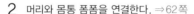
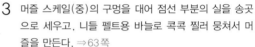

**8** 70쪽의 [10. 털실로 귀 만들기] 1~2와 같은 방법으로 다리 지느러미용 미니 폼폼을 너비 2.5㎝가 되도록 니들 펠트용 바늘로 콕콕 찔러 뭉치고, 돗바늘을 이용해 몸통에 단다. 끝 부분을 커트해 모양을 다듬는다.

**9** 전체의 균형을 확인해가며 커트해서 모양을 다듬는다. ⇒66쪽

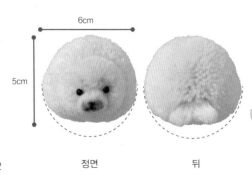

6cm

5cm

정면　　　　　뒤

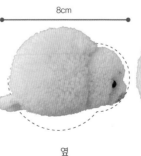

8cm

옆

위

아래

# 개구리

→34쪽

→34쪽

## 도구 사이즈

폼폼 메이커 : 35mm, 55mm

## 재료

머리 : iroiro (○1) (●27), 매듭실…40cm×1줄
몸통 : iroiro (○1) (●27), 매듭실…40cm×1줄
눈 : 크리스털 아이 (골드, 6mm)…2개
눈 토대 : 미니200 (442)…3cm×1.5cm
눈꺼풀 : 미니200 (442)…3cm×0.8cm
입 : 미니200 (301)…2cm×2cm
앞다리 : 미니200 (442)…6cm×3cm
뒷다리 : 미니200 (442)…6cm×3cm

* 실의 사용량 기준 : iroiro (○1)…3g, (●27)…9g

## 실 감기 도안, 실을 다 감은 상태

머리  * 2가닥

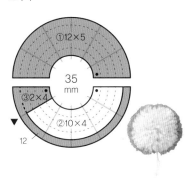

①12×5
35 mm
③2×4
②10×4
12
▲

몸통  * 2가닥

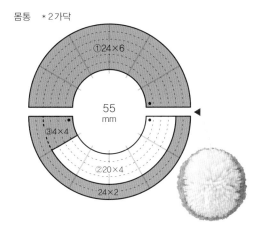

①24×6
55 mm
③4×4
②20×4
24×2
▶

## 사전 준비

• 개구리 눈을 2개 만든다. ⇒67쪽
• 입(패턴 29)을 2장 자른다. ⇒56쪽
• 앞다리, 뒷다리(패턴 42)를 각 2개씩 만든다. 자른 펠트의 지정한 위치에 접착제를 발라 반으로 접고 클립에 끼워서 말린다. ⇒56쪽

## 만드는 방법

연결 후

1 실 감기 도안을 참고해 폼폼을 만든다. [머리, 몸통] 기본 폼폼 ⇒57쪽

2 머리와 몸통 폼폼을 연결한다. ⇒62쪽

3 완성 사진을 참고해 여러 각도에서 확인하며 실을 커트한다. ⇒63쪽 앞다리와 뒷다리의 경계선을 커트한다. ⇒69쪽

4 양쪽 눈의 위치를 확인하고 한쪽씩 접착제를 발라 끼워 넣는다. ⇒64쪽

5 펠트로 만든 앞다리, 뒷다리에 접착제를 발라서 몸통에 끼워 넣는다. ⇒65쪽

6 입 부분의 실을 위아래로 갈라서 나눈다. 펠트로 만든 입의 한쪽 면에 접착제를 발라서 각각 입속의 위쪽과 아래쪽에 붙인다.

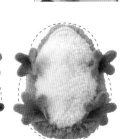

7 눈 사이 ⓐ를 짧게 커트해서 움푹 들어가게 한다. ⇒69쪽

## 완성

ⓐ

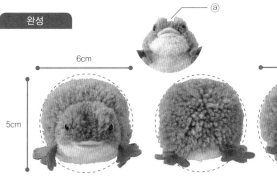

6cm
5cm

7cm

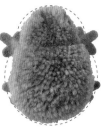

정면          뒤          옆          위          아래

# 돼지

→37쪽

**도구 사이즈**

폼폼 메이커 : 45mm,
           55mm

머즐 스케일 : 소

**재료**

머리 : iroiro (◯2), 매듭실…40cm×1줄
몸통 : iroiro (◯2), 매듭실…40cm×1줄
코    : 미니200 (301)…1.5cm×1cm
눈    : 솔리드 아이 (블랙, 4mm)…2개
귀    : 미니200 (301)…4cm×2cm
다리 : 미니200 (301)…6cm×4cm
꼬리 : iroiro (◯2)…20cm×3줄
＊ 실의 사용량 기준 : iroiro (◯2)…13g

**실 감기 도안, 실을 다 감은 상태**

머리 ＊2가닥

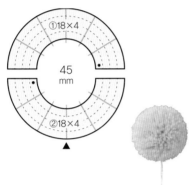

①18×4
②18×4
45 mm

**사전 준비**

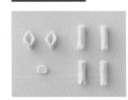

• 귀(패턴 12)를 2개 만든다. ⇒56쪽
• 코(패턴 27)는 1장 자른다. ⇒56쪽
• 원통 모양의 다리(패턴 5)는 4개 만든다. ⇒69쪽

연결 후

**만드는 방법**

1   실 감기 도안을 참고해 폼폼을 만든다.
    [머리.몸통] 기본 폼폼 ⇒57쪽

2   머리와 몸통 폼폼을 연결한다. ⇒62쪽

3   머즐 스케일 (소)의 구멍을 대어 점선 부분의 실을 송곳
    으로 세우고, 니들 펠트용 바늘로 콕콕 찔러 뭉쳐서 머
    즐을 만든다. ⇒63쪽

4   머즐 주변의 실을 커트해서 모난 부분을 둥그스름하게 만든다. 완성 사
    진을 참고해 여러 각도에서 확인하며 커트한다. ⇒63쪽

5   펠트로 만든 코를 펀칭매트 위에 올려놓고 송곳으로 구멍 2개를 뚫은 후
    뒷면에 접착제를 발라 머즐 끝에 붙인다. 다시 송곳으로 찔러서 콧구멍
    모양을 잡는다. ⇒116쪽

6   양쪽 눈의 위치를 확인하고 한쪽씩 접착제를 발라서 끼워 넣는다. ⇒64쪽

7   펠트로 만든 귀에 접착제를 발라서 머리에 끼워 넣는다. ⇒65쪽

8   펠트로 만든 다리에 접착제를 발라서 몸통에 끼워 넣는다.

9   꼬리용 실을 몸통에 달고, 세 줄 땋기로 꼬리를 3cm 만든다. ⇒71쪽

10   양쪽 다리와 엉덩이의 움푹 들어간 부분을 만든다. ⇒66쪽, 69쪽

몸통 ＊2가닥

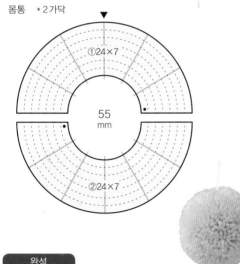

①24×7
②24×7
55 mm

**완성**

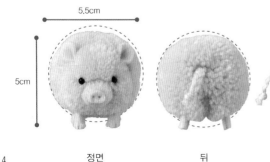

5.5cm

5cm

정면        뒤

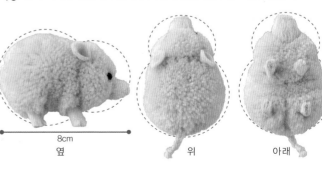

8cm

옆        위        아래

# 쥐

→38쪽

→38쪽

## 도구 사이즈

폼폼 메이커 : 35mm,
45mm
머즐 스케일 : 소

## 재료

머리  : iroiro (● 49), 매듭실…40cm×1줄
몸통  : iroiro (● 49), 매듭실…40cm×1줄
코    : 퍼프 울 (프레시 핑크) …소량
눈    : 솔리드 아이 (블랙, 4mm) …2개
귀    : 미니200 (MB) …4cm×3cm
앞다리 : 미니200 (301) …2cm×2cm
꼬리  : iroiro (● 49) …30cm×3줄
수염  : 낚싯줄 (2호) …20cm×3줄
* 실의 사용량 기준 : iroiro (● 49) …10g

## 실 감기 도안, 실을 다 감은 상태

머리    * 2가닥

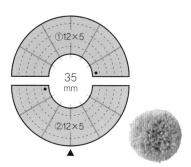

```
①12×5
35
mm
②12×5
```
▲

몸통    * 2가닥
▼

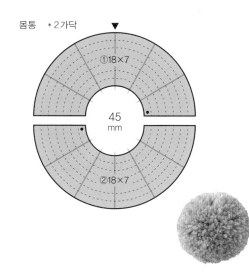

```
①18×7
45
mm
②18×7
```

## 사전 준비

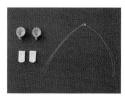

• 귀 (패턴 7)를 2개 만든다. ⇒56쪽

• 앞다리 (패턴 21) 2장을 자른다. ⇒56쪽

• 수염을 만든다. ⇒67쪽

## 만드는 방법

연결 후

1  실 감기 도안을 참고해 폼폼을 만든다.
   [머리.몸통] 기본 폼폼 ⇒57쪽

2  머리와 몸통 폼폼을 연결한다. ⇒62쪽

3  머즐 스케일(소)의 구멍을 대어 점선 부분의 실을 송곳
   으로 세우고, 니들 펠트용 바늘로 콕콕 찔러 뭉쳐서 머
   즐을 만든다. ⇒63쪽

4  머즐 주변의 실을 커트해서 모난 부분을 둥그스름하게 만든다. 완성 사
   진을 참고해 여러 각도에서 확인하며 커트한다. ⇒63쪽, 69쪽

5  코용 양모를 가장자리에서 1~2cm 정도 남기고 니들 펠트용 바늘로 콕콕
   찔러 둥글게 뭉친 후, 머즐 끝에 콕콕 찔러 연결한다. ⇒64쪽

6  양쪽 눈의 위치를 확인하고 한쪽씩 접착제를 발라서 끼워 넣는다. ⇒64쪽

7  펠트로 만든 귀에 접착제를 발라서 머리에 끼워 넣는다. ⇒65쪽

8  펠트로 만든 앞다리에 접착제를 발라서 몸통에 끼워 넣는다.

9  꼬리용 실을 몸통에 달고, 세 줄 땋기로 꼬리를 7cm 만든다. ⇒71쪽

10  수염을 머즐에 단다. ⇒99쪽

11  전체 균형을 확인하며 커트해 모양을 다듬는다. ⇒66쪽

## 완성

5.5cm

5cm

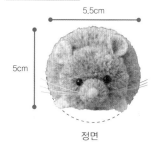

정면

뒤

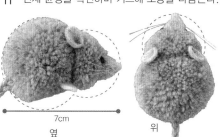

7cm

옆

위

아래

115

# 두더지

→39쪽

→39쪽

## 도구 사이즈

폼폼 메이커 : 45mm
머즐 스케일 : 소

## 재료

머리 : iroiro (● 11) (● 41), 매듭실…40cm×1줄
몸통 : iroiro (● 11), 매듭실…40cm×1줄
코 : 미니200 (301)…1cm×1cm
눈 : 솔리드 아이 (블랙, 3.5mm)…2개
입 : 퍼프 울 (블랙)…소량
앞다리 : 미니200 (301)…3cm×2cm
뒷다리 : 미니200 (301)…2cm×2cm
꼬리 : iroiro (● 11)…20cm×3줄
* 실의 사용량 기준 : iroiro (● 11)…10g, (● 41)…1g

## 사전 준비

• 코(패턴 28)를 1장 자른다. ⇒56쪽
• 앞다리(패턴 24), 뒷다리(패턴 21)를 각 2장씩 자른다. 앞다리는 지정한 위치에 접착제를 발라 반으로 접고 클립에 끼워서 말린다. ⇒56쪽

연결 후

## 실 감기 도안, 실을 다 감은 상태

머리 *2가닥

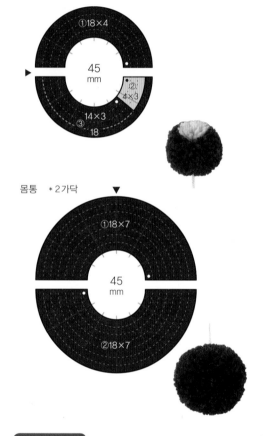

①18×4
45 mm
②4×3
14×3
③18

몸통 *2가닥

①18×7
45 mm
②18×7

## 만드는 방법

1 실 감기 도안을 참고해 폼폼을 만든다. [머리.몸통] 기본 폼폼 ⇒57쪽

2 머리와 몸통 폼폼을 연결한다. ⇒62쪽

3 머즐 스케일(소)의 구멍을 대어 점선 부분의 실을 송곳으로 세우고, 니들 펠트용 바늘로 콕콕 찔러서 뭉쳐서 머즐을 만든다. ⇒63쪽

4 머즐 주변의 실을 커트해서 모난 부분을 둥그스름하게 만든다. 완성 사진을 참고해 여러 각도에서 확인하며 커트한다. ⇒63쪽

5 펠트로 만든 코를 펀칭매트 위에 올려놓고 송곳으로 구멍 2개를 뚫은 후 뒷면에 접착제를 발라서 머즐 끝에 붙인다. 다시 송곳으로 찔러서 콧구멍 모양을 잡는다.

6 양쪽 눈의 위치를 확인하고 한쪽씩 접착제를 발라서 끼워 넣는다. ⇒64쪽

7 입용 양모를 끈 모양으로 살짝 뭉쳐서, 입 라인을 콕콕 찔러 연결한다.

8 펠트로 만든 앞다리, 뒷다리에 접착제를 발라서 몸통에 끼워 넣는다.

9 돗바늘로 꼬리용 실을 몸통에 달고 세 줄 땋기로 꼬리를 3cm 만든다. ⇒71쪽

10 전체 균형을 확인하며 커트해서 모양을 다듬는다. ⇒66쪽

## 완성

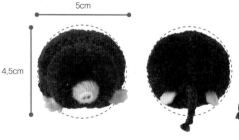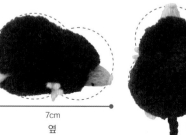

5cm
4.5cm
7cm

정면          뒤          옆          위          아래

116

# 쿼카

→40쪽

## 도구 사이즈

폼폼 메이커 : 35mm,
　　　　　　　55mm

## 재료

머리　　 : iroiro (●9), 매듭실…40cm×1줄
몸통　　 : iroiro (　2)(●9), 매듭실…40cm×1줄
눈　　　 : 솔리드 아이 (블랙, 4mm)…2개
코　　　 : 미니200 (229)…0.5cm×0.5cm
입　　　 : 미니200 (790)…1cm×0.5cm
귀　　　 : 미니200 (235)…3cm×2cm
발가락1 : 미니200 (229)…2cm×2cm
발가락2 : 미니200 (229)…2.5cm×2.5cm
꼬리　　 : iroiro (●9)…20cm×3줄
＊실의 사용량 기준 : iroiro (　2)…1g, (●9)…12g

## 실 감기 도안, 실을 다 감은 상태

머리　＊2가닥

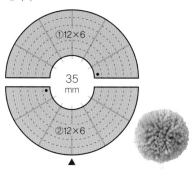

①12×6

35
mm

②12×6

▲

몸통　＊2가닥

▼

①24×7

55
mm

③
12×3　　②　12×3

24×4

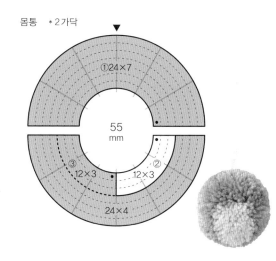

## 사전 준비

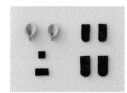

- 귀(패턴 8)를 2개 만든다. ⇒56쪽
- 코(패턴 2)는 1장 자른다. ⇒56쪽
- 입(패턴 3)도 1장 자른다. ⇒56쪽
- 발가락1(패턴 22), 발가락2(패턴 23)를 각 2장 씩 자른다. ⇒56쪽

## 만드는 방법

연결 후

1　실 감기 도안을 참고해 폼폼을 만든다.
　　[머리, 몸통] 기본 폼폼 ⇒57쪽

2　머리와 몸통 폼폼을 연결한다. ⇒62쪽

3　완성 사진을 참고해 여러 각도에서 확인하며 실을 커트한다. 배 부분 ⓐ
　　를 짧게 커트하고, 앞다리 사이와 양쪽 겨드랑이 ⓑ가 움푹 들어가도록
　　커트한다. ⇒63쪽, 69쪽

4　양쪽 눈의 위치를 확인하고 한쪽씩 접착제를 발라서 끼워 넣는다. ⇒64쪽

5　펠트로 만든 귀, 코, 입에 접착제를 발라서 각각 머리에 끼워 넣는다.

6　펠트로 만든 발가락1, 2에 접착제를 발라서 발가락1은 앞다리 끝, 발가
　　락2는 뒷다리 끝에 끼워 넣는다.

7　돗바늘을 이용해 꼬리용 실을 몸통에 달고, 세 줄 땋기로 꼬리를 3cm 만
　　든다. ⇒71쪽

8　전체 균형을 확인하며 커트해 모양을 다듬는다. ⇒66쪽

## 완성

5.5cm

7.5cm

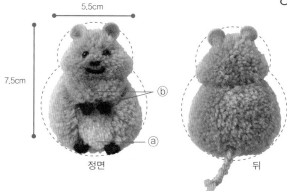

ⓑ

ⓐ

정면

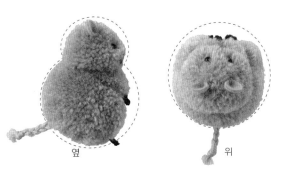

뒤　　　　　　옆　　　　　　위

# 고슴도치

→41쪽

→41쪽

## 도구 사이즈

퐁퐁 메이커 : 35mm,
                        55mm

머즐 스케일 : 소

## 재료

머리 : iroiro (○1) (◐3) (●9) (●11),매듭실…40cm×1줄

몸통 : iroiro (○1) (◐3) (●11),매듭실…40cm×1줄

코 : 퍼프 울 (블랙) …소량

눈 : 솔리드 아이 (블랙, 4mm) …2개

귀 : 미니200 (235) …3cm×2cm

앞다리 : 미니200 (301) …2cm×2cm

* 실의 사용량 기준 : iroiro (○1) …6g, (◐3) …3g, (●9) …1g, (●11) …3g

## 실 감기 도안, 실을 다 감은 상태

머리 *2가닥

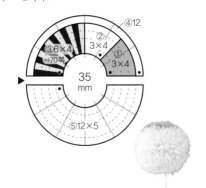

④12
②
3×4
①
3×4
③3.6×4
⇒70쪽
35 mm
⑤12×5

몸통 *2가닥

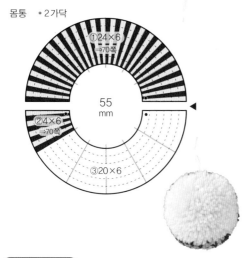

①24×6
⇒70쪽
②4×6
⇒70쪽
55 mm
③20×6

## 사전 준비

• 귀(패턴 8)를 2장 만든다. ⇒56쪽

• 앞다리(패턴 21)는 2장 자른다. ⇒56쪽

## 만드는 방법

연결 후

1 실 감기 도안을 참고해 퐁퐁을 만든다.
  [머리,몸통] 기본 퐁퐁 ⇒57쪽, 70쪽

2 머리와 몸통 퐁퐁을 연결한다. ⇒62쪽

3 머즐 스케일(소)의 구멍을 대어 점선 부분의 실을
  송곳으로 세우고, 니들 펠트용 바늘로 콕콕 찔러 뭉
  쳐서 머즐을 만든다. ⇒63쪽

4 머즐 주변의 실을 커트해서 모난 부분을 둥그스름하게 만든다. 완성 사
  진을 참고해 여러 각도에서 확인하며 커트한다. ⇒63쪽

5 코용 양모를 가장자리에서 1~2cm 정도 남기고 니들 펠트용 바늘로 콕콕
  찔러 둥글게 뭉친 후, 머즐 끝에 콕콕 찔러 연결한다. ⇒64쪽 머즐을
  아래쪽에서 위쪽으로 콕콕 찔러서 코끝이 위로 들리게 한다.

6 양쪽 눈의 위치를 확인하고 한쪽씩 접착제를 발라서 끼워 넣는다. ⇒64쪽

7 펠트로 만든 귀에 접착제를 발라서 머리에 끼워 넣는다. ⇒65쪽

8 펠트로 만든 앞다리에 접착제를 발라서 몸통에 끼워 넣는다.

9 전체 균형을 확인하며 커트해 모양을 다듬는다. ⇒66쪽

## 완성

5.5cm

5cm

정면

뒤

7.5cm

옆

위

아래

# 양

→ 42쪽

연결 후

→ 42쪽

## 도구 사이즈

폼폼 메이커 : 45mm,
　　　　　　　 55mm
머즐 스케일 : 대

## 재료

| | |
|---|---|
| 머리 | : iroiro (○1), LOOP ( 7),매듭실…40cm×1줄 |
| 몸통 | : LOOP ( 7),매듭실…40cm×1줄 |
| 눈 | : 솔리드 아이 (블랙, 4mm)…2개 |
| 코 | : 퍼프 울 (쇼콜라)…소량 |
| 입 | : 퍼프 울 (쇼콜라)…소량 |
| 귀 안쪽 | : 미니200 (301)…4cm×2cm |
| 귀 바깥쪽 | : 미니200 (701)…4cm×2cm |
| 다리 | : 미니200 (701)…8cm×5cm |

* 실의 사용량 기준 : iroiro (○1)…1g, LOOP ( 7)…12g

## 사전 준비

• 2가지 색 귀(패턴 13)를 2개 만든다. ⇒56쪽, 67쪽
• 원통 모양의 다리(패턴 6)는 4개 만든다. ⇒69쪽

## 실 감기 도안, 실을 다 감은 상태

머리 　＊2가닥

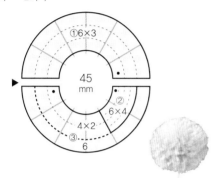

①6×3
45 mm
②
6×4
4×2
③
6

몸통 　＊2가닥

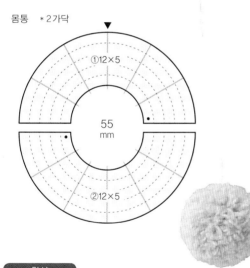

①12×5
55 mm
②12×5

## 만드는 방법

1 실 감기 도안을 참고해 폼폼을 만든다.
　 [머리,몸통] 기본 폼폼 ⇒57쪽

2 머리와 몸통 폼폼을 연결한다. ⇒62쪽

3 머즐 스케일(대)의 구멍을 대어 점선 부분의 실을 송
　 곳으로 세우고, 니들 펠트용 바늘로 콕콕 찔러 뭉쳐
　 서 머즐을 만든다. ⇒63쪽

4 머즐 주변의 실을 커트해서 모난 부분을 둥그스름하게 만든다. 완성 사
　 진을 참고해 여러 각도에서 확인하며 커트한다. ⇒63쪽

5 양쪽 눈의 위치를 확인하고 한쪽씩 접착제를 발라서 끼워 넣는다. ⇒64쪽

6 코, 입용 양모를 끈 모양으로 살짝 뭉쳐서 코, 코~입 라인, 입을 니들
　 펠트용 바늘로 콕콕 찔러 연결한다. ⇒64쪽

7 펠트로 만든 귀에 접착제를 발라서 머리에 끼워 넣는다. ⇒65쪽

8 펠트로 만든 다리에 접착제를 발라서 몸통에 끼워 넣는다.

9 전체 균형을 확인하며 커트해 모양을 다듬는다. ⇒66쪽

## 완성

7cm

7cm

8cm

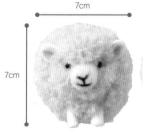

정면

뒤

옆

위

아래

# 사자

→43쪽

→43쪽

## 도구 사이즈

폼폼 메이커 : 45mm,
          65mm

롱 폼폼 카드 : E

머즐 스케일 : 대

## 재료

얼굴    : iroiro (○1) (● 4) (● 5), 매듭실…40cm×1줄

갈기    : iroiro (● 5), 매듭실…45cm×1줄

몸통    : iroiro (○1) (● 4), 매듭실…45cm×1줄

앞다리  : iroiro (● 4), 테크노로트…45cm×2줄

꼬리    : iroiro (● 4) (●11), 테크노로트…45cm×1줄

눈      : 크리스털 아이 (골드, 4.5mm)…2개

눈 토대  : 미니200 (790)…2cm×1cm

아이라인 : 미니200 (701)…1cm×0.5cm

코      : 퍼프 울 (블랙)…소량

입      : 퍼프 울 (블랙)…소량

귀      : 미니200 (219)…3cm×2cm

*실의 사용량 기준 : iroiro (○1)…4g, (● 4)…15g, (● 5)…6g, (●11)…1g

## 실 감기 도안, 실을 다 감은 상태

얼굴 *2가닥

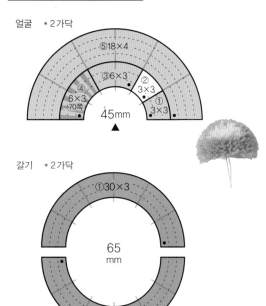

⑤18×4
③6×3
②3×3
④6×3 ⇒70쪽
①3×3
45mm ▲

갈기 *2가닥

①30×3
65mm
②30×3 ▲

몸통 *2가닥

①30×7
65mm
②30×4
③30×3

앞다리 2개 *2가닥

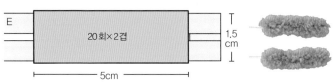

E
20회×2겹
5cm
1.5cm

꼬리 *2가닥

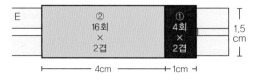

E
② 16회 × 2겹
① 4회 × 2겹
4cm | 1cm
1.5cm

## 사전 준비

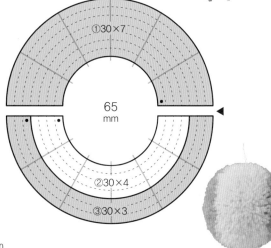

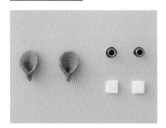

• 귀(패턴 8)은 2개 만든
다. ⇒56쪽

• 눈 2개를 만든다(토대용
펠트는 인형 눈 가장자리
에서 잘라낸다). ⇒67쪽

• 아이라인(패턴 2)은 2장
자른다. ⇒56쪽

1 옆 페이지의 실 감기 도안을 참고해 폼폼을 만든다. 갈기용 폼폼은 실을 조금 느슨하게 감아서 만들고, 폼폼 메이커에서 떼어낸 상태에서 살짝 모양을 잡고 매듭실을 잘라낸다.
[얼굴,갈기,몸통] 기본 폼폼 ⇒57쪽, 71쪽
[앞다리,꼬리] 롱 폼폼 ⇒60쪽

연결 후

2 얼굴, 갈기, 몸통 폼폼을 연결한다. ⇒71쪽

3 머즐 스케일(대)의 구멍을 대어 점선 부분의 실을 송곳으로 세우고, 니들 펠트용 바늘로 콕콕 찔러 뭉쳐서 머즐을 만든다. ⇒63쪽

4 머즐 주변의 실을 커트해 모난 부분을 둥그스름하게 만든다. 완성 사진을 참고해 여러 각도에서 확인하며 커트한다. ⇒63쪽

5 코용 양모를 가장자리에서 1~2㎝ 정도 남기고 니들 펠트용 바늘로 콕콕 찔러 둥글게 뭉친 후, 머즐 끝에 콕콕 찔러 연결한다. ⇒64쪽

6 양쪽 눈의 위치를 확인하고 한쪽씩 접착제를 발라서 끼워 넣는다. ⇒64쪽 펠트로 만든 아이라인에 접착제를 발라서 눈밑에 끼워 넣는다.

7 입용 양모를 끈 모양으로 살짝 뭉쳐서 코밑~입 라인과 입을 니들 펠트용 바늘로 콕콕 찔러 연결한다. ⇒64쪽

8 펠트로 만든 귀에 접착제를 발라서 얼굴에 끼워 넣는다. ⇒65쪽

9 앞다리용 롱 폼폼은 돗바늘을 이용해 몸통에 단다. 이때 왼쪽 다리는 돗바늘을 ⓐ 쪽으로 빼내고 오른쪽 다리는 ⓑ 쪽으로 빼낸다. ⇒65쪽

10 꼬리용 롱 폼폼을 양 손바닥 사이에 끼워서 두께 13㎜ 정도가 될 때까지 굴린다. 돗바늘을 이용해 몸통에 단다. ⇒71쪽, 97쪽

11 전체 균형을 확인하며 커트해 모양을 다듬는다. 몸통(ⓒ)에 움푹 들어간 부분을 만든다. ⇒66쪽, 69쪽

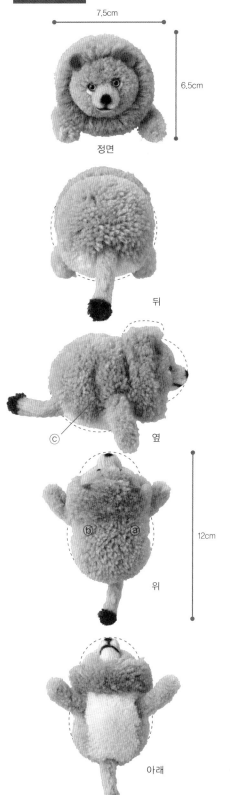

7.5cm

6.5cm

정면

뒤

ⓒ

옆

ⓑ ⓐ

12cm

위

아래

121

# 캥거루

→44쪽

### 도구 사이즈

폼폼 메이커 : 45mm,
　　　　　　 55mm
롱 폼폼 카드 : E, F
머즐 스케일 : 대

### 재료

머리　　 : iroiro (● 5), 매듭실…40cm×1줄
몸통1　 : iroiro (○1)(● 5), 매듭실…40cm×1줄
몸통2　 : iroiro (○1)(● 5), 매듭실…40cm×1줄
눈　　　 : 솔리드 아이 (블랙, 4.5mm)…2개
코　　　 : 퍼프 울 (블랙)…소량
입　　　 : 퍼프 울 (블랙)…소량
귀 안쪽　: 미니200 (701)…5cm×3cm
귀 바깥쪽 : 미니200 (219)…5cm×3cm
앞다리　 : iroiro (● 5), 테크노로트…40cm×2줄
뒷다리　 : iroiro (● 5), 테크노로트…40cm×2줄
꼬리　　 : iroiro (● 5), 테크노로트…50cm×1줄

*실의 사용량 기준 : iroiro (○1)…3g, (● 5)…17g

### 실 감기 도안, 실을 다 감은 상태

머리　*2가닥

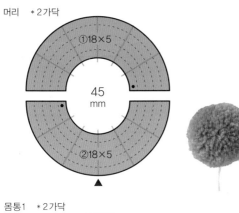

①18×5

45 mm

②18×5

앞/뒷다리　4개　*2가닥

E

10회×2겹

1.5 cm

2.5cm

몸통1　*2가닥

①18×4

45 mm

②9×4　③9×4

꼬리　*2가닥

F

30회×2겹

2 cm

6cm

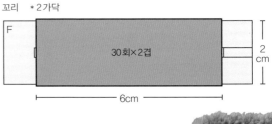

몸통2　*2가닥

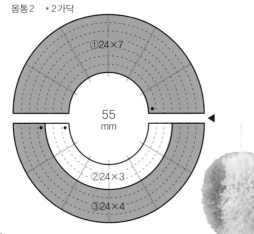

①24×7

55 mm

②24×3

③24×4

### 사전 준비

• 2가지 색 귀(패턴 14)를 2
　개 만든다. ⇒56쪽, 67쪽

1 옆 페이지의 실 감기 도안을 참고해 폼폼을 만든다.
몸통1의 폼폼은 폼폼 메이커에서 떼어낸 상태에서 살
짝 모양을 잡고 매듭실을 잘라낸다.
[머리,몸통1,몸통2] 기본 폼폼 ⇒57쪽, 71쪽
[앞다리,뒷다리,꼬리] 롱 폼폼 ⇒60쪽

연결 후

2 머리, 몸통1, 몸통2의 폼폼을 연결한다. ⇒71쪽

3 머즐 스케일(대)의 구멍을 대어 점선 부분의 실을 송
곳으로 세우고, 니들 펠트용 바늘로 콕콕 찔러 뭉쳐서
머즐을 만든다. ⇒63쪽

4 머즐 주변의 실을 커트해 모난 부분을 둥그스름하게 만든다. 완성 사진
을 참고해 여러 각도에서 확인하며 커트한다. 배와 뒷다리의 경계선 ⓐ
도 커트해서 움푹 들어간 부분을 만든다. ⇒63쪽, 69쪽

5 양쪽 눈의 위치를 확인하고 한쪽씩 접착제를 발라서 끼워 넣는다.
⇒64쪽

6 코, 입용 양모를 끈 모양으로 살짝 뭉쳐서 코, 코~입 라인, 입을 니들
펠트용 바늘로 콕콕 찔러 연결한다. ⇒64쪽

7 펠트로 만든 귀에 접착제를 발라서 머리에 끼워 넣는다. ⇒65쪽

8 앞다리, 뒷다리용 롱 폼폼은 돗바늘을 이용해 몸통에 단다. 이때 왼쪽
다리는 돗바늘을 ⓑ 쪽으로 빼내고 오른쪽 다리는 ⓒ 쪽으로 빼낸다.
⇒65쪽

9 돗바늘을 이용해 꼬리용 롱 폼폼을 몸통에 단다. ⇒71쪽
끝이 조금 가늘어지게 커트해서 모양을 잡는다.

10 전체 균형을 확인하며 커트해 모양을 다듬는다. ⇒ 66쪽

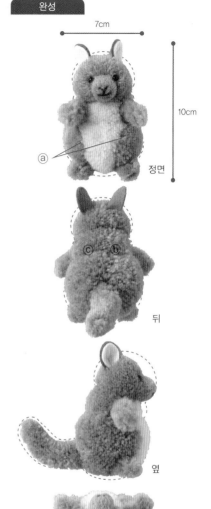

7cm

10cm

ⓐ

정면

ⓒ ⓑ

뒤

옆

위

## 엄마 캥거루 배에 아기 넣기

1 125쪽을 참고해, 아기 캥거루의
머리 뒤쪽으로 매듭실이 나오게
한다. 머리 뒤쪽을 평평하게 커트
한다.

2 1의 매듭실 중 1가닥을 돗바늘에
꿰어 어미 캥거루의 배에 찔러 넣
고 등으로 빼낸다. 나머지 1가닥
도 같은 방법으로 빼낸다.

3 매듭실 2가닥을 순서대로(단순
매듭 정방향 → 단순매듭 역방향)
묶어서 매듭에 접착제를 바르고
남은 실을 잘라낸다.

# 아기 판다

→11쪽

→11쪽

### 도구 사이즈

폼폼 메이커 : 25mm, 35mm
머즐 스케일 : 특소

### 재료

| | |
|---|---|
| 머리 | : iroiro (○1), 단추 달기용 실…30cm×1줄 |
| 몸통 | : iroiro (○1) (●47), 매듭실…40cm×1줄 |
| 코 | : 퍼프 울 (블랙)…소량 |
| 눈 | : 솔리드 아이 (블랙, 3mm)…2개 |
| 눈 토대 | : 미니200 (790)…2cm×1cm |
| 귀 | : 미니200 (790)…3cm×1.5cm |
| 앞다리 | : 미니200 (790)…2.5cm×2.5cm |

* 실의 사용량 기준 : iroiro (○1)…3g, (●47)…1g

### 사전 준비

· 눈 2개를 만든다(인형 눈 둘레에 1mm, 눈밑만 2mm 여백을 준다). ⇒67쪽
· 귀(패턴 15) 2개를 만든다.
⇒56쪽
· 앞다리(패턴 23) 2장을 자른다. ⇒56쪽

### 실 감기 도안, 실을 다 감은 상태

머리 *2가닥

①8×5

25mm

②8×5

▲

몸통 *2가닥

②6×5 ①6×5

35mm

③12×5

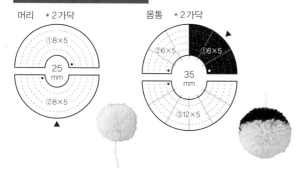

### 완성

5cm

5cm

정면

뒤

위

옆

---

# 아기 코알라

→14쪽

→14쪽

### 도구 사이즈

폼폼 메이커 : 25mm, 35mm
미니 폼폼 카드 : B

### 재료

| | |
|---|---|
| 머리 | : iroiro (●49), 단추 달기용 실…30cm×1줄 |
| 몸통 | : iroiro (○1) (●49), 매듭실…40cm×1줄 |
| 귀 | : iroiro (○1) (●49), 매듭실…25cm×2줄 |
| 코 | : 컬러 솜방울 (검정, 8mm)…1개 |
| 눈 | : 솔리드 아이 (블랙, 3mm)…2개 |
| 혀 | : 미니200 (105)…1cm×1cm |
| 앞다리 | : 미니200 (MB)…2.5cm×2.5cm |

* 실의 사용량 기준 : iroiro (○1)…1g, (●49)…3g

### 사전 준비

· 혀(패턴 26) 1장을 자른다. ⇒56쪽
· 앞다리(패턴 23) 2장을 자른다. ⇒56쪽

### 실 감기 도안, 실을 다 감은 상태

머리 *2가닥

①8×5

25mm

②8×5

▲

몸통 *2가닥

①12×5

35mm

③4×3 ②8×3

12×2

▲

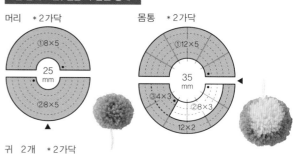

귀 2개 *2가닥

B
② ①
10회
2cm

6회

### 완성

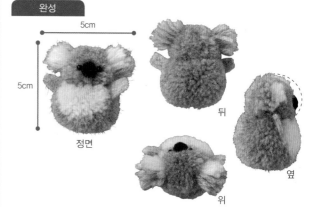

5cm

5cm

정면

뒤

위

옆

124

# 아기 캥거루

→44쪽

## 도구 사이즈

폼폼 메이커 : 35mm
머즐 스케일 : 소

## 재료

머리　　 : iroiro (● 5), 매듭실…40cm×1줄
몸통　　 : iroiro (○1) (● 5), 매듭실…40cm×1줄
눈　　　 : 솔리드 아이 (블랙, 3.5mm)…2개
코　　　 : 퍼프 울 (블랙)…소량
입　　　 : 퍼프 울 (블랙)…소량
귀 안쪽　: 미니200 (701)…4cm×2.5cm
귀 바깥쪽: 미니200 (219)…4cm×2.5cm
앞다리　 : 미니200 (219)…2.5cm×2.5cm
꼬리　　 : iroiro (● 5)…20cm×3줄
* 실의 사용량 기준 : iroiro (○1)…1g, (● 5)…4g

## 사전 준비

- 2가지 색 귀(패턴 16) 2장을 만든다.
  ⇒56쪽, 67쪽

- 앞다리(패턴 23) 2장을 자른다. ⇒56쪽

## 실 감기 도안, 실을 다 감은 상태

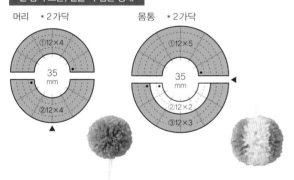

## 완성

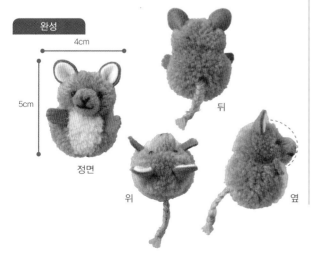

4cm

5cm

정면
뒤
위
옆

## 만드는 방법

1 실 감기 도안을 참고해 머리와 몸통 폼폼을 만든다. 아기 코알라는 귀용 미니 폼폼도 만든다.
　[머리, 몸통] 기본 폼폼 ⇒57쪽
　[아기 코알라의 귀]미니 폼폼 ⇒60쪽

2 머리와 몸통 폼폼을 연결한다. ⇒62쪽

3 [아기 판다] [아기 캥거루] 지정한 크기의 머즐 스케일 구멍을 대어 점선 부분의 실을 송곳으로 세우고, 니들 펠트용 바늘로 콕콕 찔러 뭉쳐서 머즐을 만든다. ⇒63쪽

4 완성 사진을 참고해 여러 각도에서 확인하며 실을 커트한다.
　⇒63쪽

5 [아기 판다] 코용 양모를 가장자리에서 1～2cm 정도 남기고 니들 펠트용 바늘로 콕콕 찔러 둥글게 뭉친 후, 머즐 끝에 콕콕 찔러 연결한다. ⇒64쪽
　[아기 코알라] 코용 컬러 솜방울에 접착제를 발라서 머리에 붙인다.

6 양쪽 눈의 위치를 확인하고 한쪽씩 접착제를 발라서 끼워 넣는다. ⇒64쪽

7 [아기 코알라] 펠트로 만든 혀에 접착제를 발라 코밑에 끼워 넣는다. [아기 캥거루] 코, 입용 양모를 끈 모양으로 살짝 뭉쳐서 코, 코～입 라인, 입을 니들 펠트용 바늘로 콕콕 찔러 연결한다. ⇒64쪽

8 [아기 판다] [아기 캥거루] 펠트로 만든 귀에 접착제를 발라서 머리에 끼워 넣는다. ⇒65쪽
　[아기 코알라] 83쪽 -6을 참고해 귀를 연결한다.

9 펠트로 만든 앞다리에 접착제를 발라서 몸통에 끼워 넣는다.

10 [아기 캥거루] 돗바늘을 이용해 꼬리용 실을 몸통에 달고, 세 줄 땋기로 꼬리를 3cm 정도 만든다. ⇒71쪽

11 전체 균형을 확인하며 커트해 모양을 다듬는다.. ⇒66쪽

# 병아리

→30쪽

### 도구 사이즈

폼폼 메이커 : 25mm, 35mm

### 재료

머리 : iroiro (● 33), 단추 달기용 실…30cm×1줄
몸통 : iroiro (● 33), 매듭실…40cm×1줄
눈 : 솔리드 아이 (블랙, 3mm)…2개
부리 : 미니200 (383)…3cm×2cm

＊실의 사용량 기준 : iroiro (● 33)…4g

### 사전 준비

• 부리(패턴 35)를 각 1장씩 자른다. 윗부리는 지정한 위치에 접착제를 발라 점선에서 접고 클립에 끼워서 말린다. ⇒56쪽

### 실 감기 도안, 실을 다 감은 상태

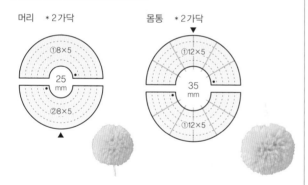

머리 ＊2가닥
①8×5
25mm
②8×5

몸통 ＊2가닥
①12×5
35mm
①12×5

### 완성

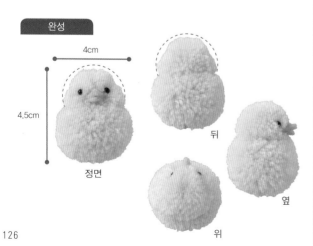

4cm
4.5cm
정면
뒤
옆
위

---

# 아기 펭귄

→32쪽

### 도구 사이즈

폼폼 메이커 : 25mm, 35mm

### 재료

머리 : iroiro (○1) (● 47), 단추 달기용 실 …30cm×1줄
몸통 : iroiro (● 50), 매듭실…40cm×1줄
눈 : 솔리드 아이 (블랙, 3mm) …2개
부리 : 미니200 (790) …1.5cm×1.5cm
날개 : 미니200 (MB) …3cm×2cm

＊실의 사용량 기준 : iroiro (○1)…1g, (● 47)…1g, (● 50)…2g

### 사전 준비

• 부리(패턴 34)를 2장 자른다. ⇒56쪽
• 날개(패턴 30)를 2장 자른다. ⇒56쪽

### 실 감기 도안, 실을 다 감은 상태

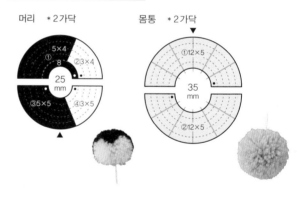

머리 ＊2가닥
①
5×4
8
②3×4
25mm
③5×5
④3×5

몸통 ＊2가닥
①12×5
35mm
②12×5

### 완성

4.5cm
4.5cm
정면
뒤
옆
위

126

# 올챙이

→ 35쪽

→ 35쪽

## 도구 사이즈

폼폼 메이커 : 25mm

## 재료

머리 : iroiro (● 47), 단추 달기용 실…30cm×1줄
꼬리 : iroiro (● 47)…20cm×3줄
＊ 실의 사용량 기준 : iroiro (● 47)…2g

## 실 감기 도안, 실을 다 감은 상태

머리　＊2가닥

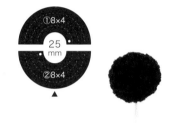

①8×4

25 mm

②8×4

▲

## 완성

2.5cm

7cm

위

---

## 만드는 방법

### [병아리] [아기 펭귄]

1 실 감기 도안을 참고해 폼폼을 만든다.
[머리, 몸통] 기본 폼폼 ⇒57쪽

2 머리와 몸통 폼폼을 연결한다. ⇒62쪽

3 완성 사진을 참고해 여러 각도에서 확인하며 실을 커트한다.
⇒63쪽

4 양쪽 눈의 위치를 확인하고 한쪽씩 접착제를 발라서 끼워 넣는다. ⇒64쪽

5 펠트로 만든 부리 2장을 겹쳐서 접착제를 발라 머리에 끼워 넣는다.

6 [아기 펭귄] 펠트로 만든 날개에 접착제를 발라서 몸통에 끼워 넣는다.

7 전체 균형을 확인하며 커트해 모양을 다듬는다. ⇒66쪽

### [올챙이]

1 실 감기 도안을 참고해 폼폼을 만들고, 단추 달기용 실의 매듭에 접착제를 발라서 남은 실을 잘라낸다.
[머리] 기본 폼폼 ⇒57쪽

2 돗바늘을 이용해 꼬리용 실을 머리 폼폼의 중심에 있는 단추 달기용 실에 연결하고 세 줄 땋기로 꼬리를 4㎝ 만든다. ⇒71쪽

3 전체 균형을 확인하며 커트해 모양을 다듬는다. ⇒66쪽

◇ 당신은 언제나 옳습니다. 그대의 삶을 응원합니다. —라의눈 출판그룹

# 한 권으로 끝내는 동물 폼폼

초판 1쇄 2021년 10월 1일

지은이 trikotri  옮긴이 박재영
펴낸이 설응도  편집주간 안은주
영업책임 민경업  디자인책임 조은교

펴낸곳 라의눈

출판등록 2014년 1월 13일(제2019-000228호)
주소 서울시 강남구 테헤란로78길 14-12(대치동) 동영빌딩 4층
전화 02-466-1283  팩스 02-466-1301

문의(e-mail)
편집 editor@eyeofra.co.kr
마케팅 marketing@eyeofra.co.kr
경영지원 management@eyeofra.co.kr

ISBN : 979-11-88726-84-4 13630

| 촬영 | 후쿠이 유코 | 재료 협력 (실) | 요코타주식회사 DARUMA |
| --- | --- | --- | --- |
| 디자인·장정 | oto( 무로타 아야노 ) | 협력 | 클로버 주식회사 |
| 편집 진행 | 후루이케 히카루 | | 선멜트 주식회사 |
| 촬영 협력 | AWABEES, UTUWA | | 하마나카 주식회사 |

# 패턴(실물 크기, 단위: cm)

- 패턴을 만들고 베껴 그리는 방법은 56쪽을 참고하세요.
- 치수가 기재된 부위는 따로 패턴을 만들지 않고 자를 이용해 표시해도 괜찮습니다.
- ■는 사전 준비할 때 접착제를 바르는 위치, --- 는 접는 선을 나타냅니다.

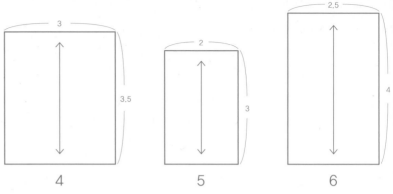

0.3

1

0.5
0.5

2

1
0.5

3

부위를 붙일 때 ///// 에 접착제를 바른다

3
3.5

4

2
3

5

2.5
4

6

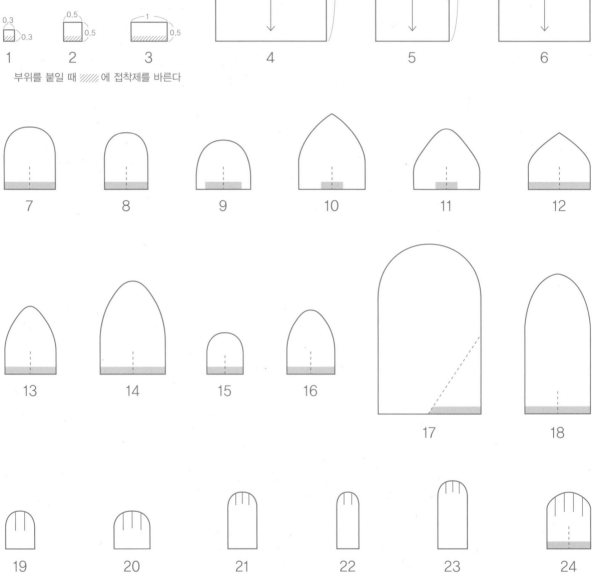

7

8

9

10

11

12

13

14

15

16

17

18

19

20

21

22

23

24

25

26

27

28

29

30

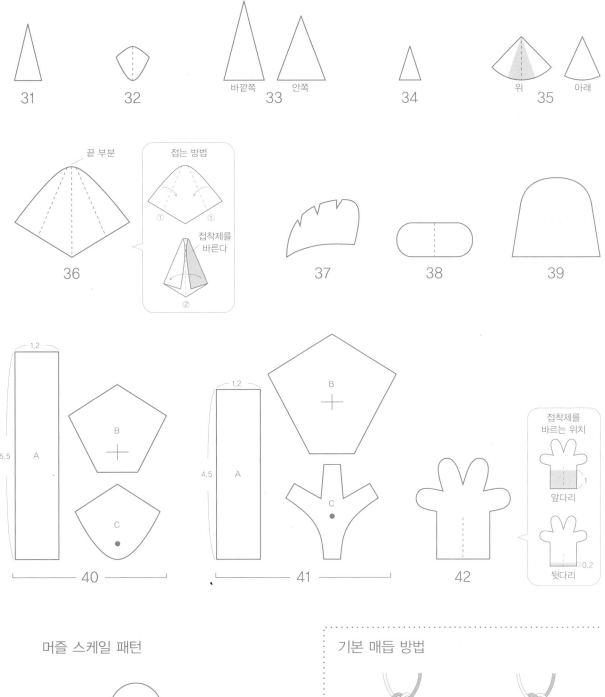

31

32

33 바깥쪽 안쪽

34

35 위 아래

36 끝 부분

접는 방법

접착제를 바른다

①  ①

②

37

38

39

40

1.2

5.5

A

B

C

41

1.2

4.5

A

B

C

42

접착제를 바르는 위치

앞다리

뒷다리

0.2

머즐 스케일 패턴

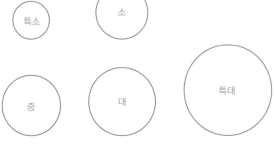

특소

소

중

대

특대

기본 매듭 방법

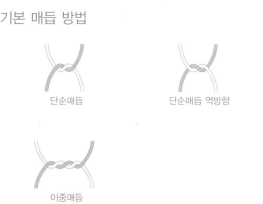

단순매듭

단순매듭 역방향

이중매듭